# 财务会计与内部控制实践研究

郑晓华 翟少杰 著

中国民族文化出版社

北 京

**图书在版编目（CIP）数据**

财务会计与内部控制实践研究 / 郑晓华，翟少杰著
. -- 北京：中国民族文化出版社有限公司，2024.6（2025.6重印）
ISBN 978-7-5122-1909-0

Ⅰ．①财… Ⅱ．①郑… ②翟… Ⅲ．①企业内部管理
－财务管理－研究 Ⅳ．① F275

中国国家版本馆 CIP 数据核字（2024）第 101950 号

# 财务会计与内部控制实践研究
CAIWU KUAIJI YU NEIBU KONGZHI SHIJIAN YANJIU

作　　者　郑晓华　翟少杰
责任编辑　张　宇
责任校对　李文学
出 版 者　中国民族文化出版社　地址：北京市东城区和平里北街 14 号
　　　　　邮编：100013　联系电话：010-84250639 64211754（传真）
印　　刷　三河市同力彩印有限公司
开　　本　787mm×1092mm　1/16
印　　张　12.25
字　　数　217 千
版　　次　2025 年 6 月第 1 版第 2 次印刷
标准书号　ISBN　978-7-5122-1909-0
定　　价　75.00 元

# 作者简介

郑晓华，女，汉族，1979年2月出生，中共党员，山东鄄城人。毕业于中央广播电视大学会计学专业，本科学历。现就职于中国铁建电气化局集团有限公司北京城市轨道工程公司审计部，高级会计师。大学毕业即从事建筑企业财务工作，主要工作涉及施工项目和工程公司财务工作、审计工作。历任项目财务部会计员、项目财务经理、公司财务部部员、财务部副经理、审计部副经理（主持工作）。参与税务筹划、资金管理、财务核算、财务考核、内部审计等工作，主导起草公司财务核算、经费管理、考核兑现、内部审计等公司多项规章制度的起草、宣贯。撰写论文《施工企业如何运用"五步法"收入确认模型》获得2021年中国施工企业管理协会建筑施工财税优秀论文一等奖、中国建设会计学会建筑会计学术委员会第二十一次优秀论文评比四等奖。

翟少杰，男，汉族，1980年6月出生，共产党员，湖南武冈人。毕业于中央广播电视大学会计学专业，本科学历。现就职于北京中铁建电气化设计研究院有限公司，高级会计师、税务师。从事财务工作近20年，先后从事过资金管理、成本管控、税务筹划、绩效考核等多项工作，并制定企业财务管理制度10余份，拥有丰富的财务管理经验，尤其善于成本控制及税务筹划。

# 前　言

在当今企业运营与管理过程中，财务会计与内部控制两大体系具有举足轻重的地位。财务会计作为企业经济信息的关键提供者，肩负着反映和监督企业财务状况、经营成果以及现金流量的重大任务。内部控制则是一项系统性的管理工程，其目标在于确保企业经营活动的效率与效果、财务报告的可靠性以及对法律法规的遵循。这两者相互关联且彼此影响，共同为企业的发展提供强大保障。

本书从理论审视与实践应用两个维度对财务会计与内部控制进行了深入探讨。

首先，全面解读财务会计的基本概念、假设、确认、计量以及信息质量要求，为后续的实践研究提供了坚实的理论基础。针对财务会计核算的基本要素，如资产、收入、费用、利润、负债与所有者权益的核算进行了详细阐述，为读者展示了财务会计核算的核心内容。

其次，在资料管理方面，本书对会计凭证的传递与保管、会计账簿的设置与登记以及财务报表的编制与分析深入研究，旨在提升财务会计资料的管理水平，确保其完整性和准确性。

再次，通过对内部控制的产生与发展、目标与原则、要素及规范体系以及一般流程的解读，帮助读者全面了解内部控制的理论体系和实施要求，并在此基础上进一步探讨了财务会计与内部控制的关系，揭示了两者之间的内在联系和相互影响。此外，还就内部控制评价与审计的融合发展进行了深入思考，涵盖了内部控制评价的内容及程序、内部控制缺陷认定及处理以及内部控制审计的计划与实施等方面。通过协调发展内部控制评价与审计，有助于提高企业的管理水平和风险防范能力。

　　最后,研究保险公司财务内部控制有效性、行政事业单位内部控制的强化、商业银行会计内部控制的优化,以及电力企业内部控制及实施对策等问题。

　　通过本书的探讨,期望能够为读者提供全面了解财务会计与内部控制理论与实践的参考,同时帮助读者深入理解内部控制在实践中的应用及其对财务管理的影响。

　　在本书的编写过程中,深感学识水平有限,难免会出现一些疏漏和不足之处。在此,真诚地邀请广大读者批评指正,提出宝贵的意见和建议。希望本书能够为相关研究者、从业者以及政策制定者提供有益的参考和启示,共同推动财务会计与内部控制领域的持续健康发展。同时,也希望能够借此机会与各位专家学者进行深入的交流和讨论,共同促进该领域的发展。

# 目　录

# 第一章　财务会计的理论审视

## 第一节　财务会计的基本概念

财务会计是以公认的会计准则为依据，对已完成或已发生的交易与事项，运用一套专门的会计核算方法，以货币作为主要计量单位，按照确认、计量和报告等程序，以财务报告为形式，定期、概括地反映企业财务状况、经营成果和现金流量等会计信息的会计系统。由此可见，财务会计是以提供会计信息为最终结果的，而会计信息则是通过会计报表反映出来的。因此，财务报告是会计工作的核心。财务会计作为传统会计的发展，同旨在向企业管理当局提供经营决策所需信息的管理会计不同。与管理会计相比，财务会计具有以下特征[①]：

第一，主要是为企业外部提供会计信息。财务会计的目标主要是向企业的投资人、债权人、政府机构和社会公众提供相关的会计信息，以满足不同利益者的需求。投资人利用相关的会计信息进行有关决策；债权人利用相关信息了解企业的偿债能力；政府机构利用相关信息了解企业税款的缴纳情况、社会保障基金的缴纳情况等；社会公众也需要通过企业提供的相关信息了解企业的财务状况、经营状况等。

第二，以货币为主要计量单位，运用会计方法对企业的经济活动进行核算和监督。主要提供企业过去和现在的经济活动及其结果的会计信息。为了提供通用的会计报表，财务会计在处理加工信息时，依然是以传统的会计方法对已经发生的经济业务以货币作为主要计量单位进行计量、确认和报告。以核算和监督为主要职能，通过设置账户，运用复式记账原理，填制记账凭

---

① 常茹. 财务会计 [M]. 北京：经济科学出版社，2019：3.

证等会计核算方法，以凭证和账簿组织为形式，进行分类记录，反映企业过去和现在的经济活动及其结果的会计信息。

第三，财务会计受公认的会计准则的约束。公认会计准则是指导财务会计工作的基本准则，是组织会计活动、处理会计业务的规范。公认会计准则由基本会计准则和具体会计准则所组成。我国目前的会计准则体系是由 1 个基本准则、38 个具体会计准则和 2 个应用指南构成。企业在进行会计事务处理时，财务会计必须按照这些相关的会计准则规范执行。

# 第二节　财务会计基本假设与会计目标

## 一、财务会计基本假设

会计假设，又称会计核算①的基本前提，是指组织会计核算工作应具备的前提条件，也是会计准则中规定的各种程序和方法适用的前提条件。会计核算的基本假设包括会计主体、持续经营、会计分期和货币计量等。

### （一）会计主体

会计主体是指会计为之服务的特定单位和组织，它界定了会计核算的空间范围。判断是否属于会计主体的主要依据是看是否能够独立核算。会计主体典型的是企业，但也可以是企业内部相对独立的经营单位。会计主体不同于法律主体的概念，会计主体可以是一个独立的法律主体，如企业法人；也可以不是一个独立的法律主体，如企业内部的相对独立核算单位、由多个企业法人组成的企业集团等。但法律主体一般均为会计主体。

### （二）持续经营

持续经营是指企业会计确认、计量和报告应当以企业持续、正常的生产经营活动为前提，是最重要的会计假设条件，它界定了会计核算的时间范围。假设在可预见的未来，企业的经营活动将以既定的经营方针和目标继续经营下去，而不会面临破产清算。有了这一前提，会计信息的可比性等会计信息

---

① 会计核算主要包括确认、计量和报告三个方面。

质量要求才能得到满足，会计计量的历史成本计量属性才能发挥作用，企业在信息的收集和处理上所采用的会计方法才能保持稳定，会计核算才能正常进行。例如，在市场经济条件下，企业破产清算的风险始终存在，一旦企业发生破产清算，所有以持续经营为前提的会计程序与方法就不再适用。而应当采用破产清算的会计程序和方法。

## （三）会计分期

会计分期是指在企业持续不断的经营过程中，人为地划分一个个间距相等、首尾相接的会计期间，以便确定每一个会计期间的收入、费用和盈亏，确定该会计期间期初、期末的资产、负债和所有者权益的数量，并据以结算账目和编制财务报表。会计分期规定了会计核算的时间范围。

企业应当划分会计期间，分期结算账目和编制财务报告。会计期间分为年度和中期。以年度为会计期间通常称为会计年度，会计年度的起讫时间，各个国家的划分方式不尽相同，在我国，以公历年度作为企业的会计年度，即以公历 1 月 1 日起至 12 月 31 日止，在年度内，再划分为月度、季度和半年度等较短的会计期间，这些短于一个完整的会计年度的报告期间统称为会计中期。

划分会计期间对企业会计核算有重大影响，它是企业分期反映经营活动月度、总结经营成果的前提。

## （四）货币计量

企业会计应当以货币计量。货币为记账本位币，一个单位只能选取一种，是人民币也可以是一种外币，但一般向中华人民共和国境内提供的会计数据均应折算为人民币。货币计量是指企业会计核算采用货币作为计量单位，记录、反映企业的经济活动，并假设币值保持不变。

对企业经济活动的计量，存在着多种计量单位，如实物数量、货币、重量、长度、体积等。我们常把货币以外的计量单位称为非货币计量单位，由于各种经济活动的非货币计量单位具有不同的性质，在量上无法比较。为了连续、系统、全面、综合地反映企业的经济活动，会计核算客观上需要一种统一的计量单位作为会计核算的计量尺度。商品经济条件下，货币是一般等价物，是衡量商品价值的共同尺度，因此，会计核算自然就选择货币作为计量单位，以货币形式来反映和核算企业经营活动的全过程。

企业会计核算采用货币作为经济活动的最好计量单位，如果企业的经济业务是多种货币计量并存的情况，就需要确定一种货币作为记账本位币。记账本位币，是指企业经营所处的主要经济环境中的货币。我国企业会计准则规定，企业通常应选择人民币作为记账本位币，业务收支以人民币以外的货币为主的企业，可以选定其中一种货币作为记账本位币。但是，编报的财务报表应当折算为人民币。企业选定记账本位币，应当考虑下列因素：第一，该货币主要影响商品和劳务的销售价格，通常以该货币进行商品和劳务的计价和结算。第二，该货币主要影响商品和劳务所需人工、材料和其他费用，通常以该货币进行上述费用的计价和结算。第三，融资活动获得的货币，以及保存从经营活动中收取款项所使用的货币。

企业记账本位币一经确定，不得随意变更，除非企业经营所处的主要经济环境发生重大变化。企业因经营所处的主要经济环境发生重大变化，确需变更记账本位币的，应当采用变更当日的即期汇率将所有项目折算为变更后的记账本位币。

会计上把货币作为计量单位，同时假设货币的内在价值是稳定的，即使有所变动，应不足以影响会计计量和会计信息的正确性。恶性通货膨胀环境下，货币价值的波动给会计计量带来很大的困难，按常规方法编制的财务报表会严重失实，引起报表使用者的误解，在这种情况下，就需要采用通货膨胀会计来解决。

## 二、财务会计目标

财务会计目标也称财务报告目标，是指企业编制财务报告提供会计信息的目的，对财务会计的规范发展起着导向性作用。

### （一）财务会计目标传统观点

财务会计目标从传统上讲有两种观点：一是受托责任观，二是决策有用观。

受托责任观主要形成于公司制企业。在公司制企业下，公司财产所有权与经营权分离，受托者接受委托者的委托后，获得了财产的自主经营权和处置权，但负有定期向委托者报告其受托责任履行情况的义务。财务会计受托责任观的核心内容是：财务报告目标应以恰当方式有效反映受托者受托管理委托人财产责任的履行情况。财务报告在委托人和受托人之间扮演着桥梁作用，核心是揭示过去的经营活动与财务成果①。

决策有用观主要源于资本市场的发展。随着公司制企业的发展，公司的股权进一步分散，分散的投资者关注的核心从公司财产本身更多地转向公司价值管理和资本市场股票的表现。公司财务报告为此需要向投资者提供与其投资决策相关的信息，这就是基于资本市场的财务报告的决策有用观。财务报告决策有用观的核心内容是：财务报告应当向投资者等外部使用者提供决策有用的信息，尤其是提供与企业财务状况、经营成果、现金流量等相关的信息，从而有助于使用者评价公司未来现金流量的金额、时间和不确定性。

### （二）财务会计主要目标

财务会计目标实现的载体是财务会计报告，其主要目标可确定为如下几项：

第一，提供企业一定时间内开展的经营活动的大概情况。投资人详细了解这份资料后，能够对企业的大概经营情况有初步了解，从而对企业的经营效益进行评估，指导企业今后的发展。企业经营者了解这份资料之后，能对自己的职责进一步明晰，发现企业的不足，并改善和处理管理中的问题，进一步提高企业的效益。

第二，提供企业的财务状况和其他变动信息等资料。其中，企业的财务状况是重要的资料，要将企业的资金构成情况、偿债能力和资金流动情况、企业控制资源的情况和企业面对环境变化的适应能力都列入其中。

第三，提供能够直接显示企业盈利状况，对企业经营业绩进行比较、预估和预计的财务资料。其中，就企业的经营业绩资料，最重要的是提供获利能力方面的资料，这是评价企业是否具备面对经济资源发生潜在变动的控制能力或能力高低的重要因素。这些资料，一方面，能够帮助企业充分发挥现有资源的作用，获得更多的现金能量；另一方面能够帮助企业获取更多的新增资源，从而产生新的经济效益。

第四，提供能够调节、指挥和监督企业生产经营活动的有效财务资料。会计的控制职能包括监督、指挥和调节。控制职能也是人们对会计产生需求的重要因素，在控制的作用下，能够按照社会需求和人们的预期开展企业的生产经营活动，并且基于最有利的条件实现预期的目标和任务。

---

① 谭湘. 财务会计 [M]. 广州：中山大学出版社，2017：3.

第五，提供企业在实现发展任务和目标的过程中，所拥有的有效利用经济资源的能力的相关财务资料。任何企业所拥有的经济资源都是有限的，对于投资者来说，他们最期望的是用最少的资源投入获得更多的经济效益。其中，企业有效利用资源的能力显得至关重要，投资者需要对企业在这方面所具备的能力进行客观的衡量和评估。这些信息由会计信息系统提供。

# 第三节　财务会计确认与会计计量

## 一、财务会计确认

会计确认是指确定一项经济业务事项是否应该纳入以及应该纳入哪个会计项目的方法。它既包括将某项经济业务应记入哪个会计项目的判断和辨认，又包括应在何时将某项经济业务记入该会计项目的判断和辨认。前者为属性标准，后者为时间标准。

企业发生的经济业务最终是通过资产、负债、所有者权益、收入、费用和利润六大会计要素反映出来的，而会计六大要素又可分为众多项目。因此，会计的确认就是对会计六大要素的确认，其具体确认的方法如下：

### （一）资产的确认

资产是指企业过去的交易或者事项形成的，由企业拥有或者控制的，预期会给企业带来经济利益的资源。

在符合了资产定义以后，如果同时满足以下条件的，就可确认为资产：

一是与该资源有关的经济利益很可能流入企业，二是该资源的成本或者价值能够可靠地计量。

因此，关于资产的确认，除了应当符合定义外，上述两个条件缺一不可，只有在同时满足的情况下，才能将其确认为一项资产。

资产按其流动性一般分为流动资产和非流动资产。

### （二）负债的确认

负债是指企业过去的交易或者事项形成的，预期会导致经济利益流出企业的现时义务。符合负债定义，同时满足以下条件的，就可以确认为负债：

一是与该义务有关的经济利益很可能流出企业，二是未来流出的经济利益的金额能够可靠地计量。

负债按其偿还期长短可以分为流动负债和非流动负债。

### （三）所有者权益的确认

所有者权益是指企业资产扣除负债后由所有者享有的剩余权益。

所有者权益体现的是所有者在企业中的剩余权益，因此，所有者权益的确认主要依赖于其他会计要素，尤其是资产和负债的确认；所有者权益金额的确定也主要取决于资产和负债的计量。

所有者权益主要有以下特点：一是企业不需要偿还所有者权益，除非发生减资、清算；二是所有者凭借所有者权益能够参与企业的利润分配；三是企业清算时，只有在清偿所有的负债后，所有者权益才能返还给投资者。

所有者权益具体包括投入资本、资本公积、盈余公积和未分配利润等内容。

### （四）收入的确认

收入是指企业在日常活动中形成的，会使所有者权益增加的，与所有者投入资本无关的经济利益的总流入。

收入的确认除了应当符合定义，还应当满足严格的确认条件，即收入只有在经济利益很可能流入，从而导致企业资产增加或者负债减少，且经济利益的流入额能够可靠计量时才能予以确认。因此，收入的确认至少应当同时符合下列条件：一是与收入相关的经济利益很可能流入企业，二是经济利益流入企业的结果会使企业资产增加或者负债减少，三是经济利益的流入额能够可靠地计量。

收入有广义的收入和狭义的收入。广义收入是指能够导致所有者权益增加的，来源于所有经营和非经营活动的所得，既包括营业收入，也包括投资收入、营业外收入等；狭义收入则仅仅是指企业在日常活动中形成的经济利益的流入，即营业收入，包括主营业务收入和其他业务收入。会计上所指的收入通常是指狭义的收入。

### （五）费用的确认

费用是指企业在日常活动中发生的、会使所有者权益减少的、与向所有者分配利润无关的经济利益的总流出。

费用的确认除了应当符合定义外，还应当满足严格的确认条件，即费用只有在经济利益很可能流出从而导致企业资产减少或者负债增加且经济利益的流出额能够可靠计量时才能予以确认。因此，费用的确认至少应当符合以下条件：第一，与费用相关的经济利益应当很可能流出企业。第二，经济利益流出的结果会导致资产的减少或者负债的增加。第三，经济利益的流出额能够可靠地计量。

费用的确认应当注意以下几点：

第一，企业为生产产品、提供劳务等发生的可归属于产品成本、劳务成本等的费用，应当在确认产品销售收入、劳务收入等时，将已销售产品、已提供劳务的成本等计入当期损益。即这些费用应当与企业实现的相关收入相配比，并在同一会计期间予以确认，计入利润表。

第二，企业发生的支出不产生经济利益的，或者即使能够产生经济利益但不符合或者不再符合资产确认条件的，应当在发生时确认为费用，计入当期损益。

第三，企业发生的交易或者事项导致其承担了一项负债而又不确认为一项资产的，应当在发生时确认为费用，计入当期损益。

### （六）利润的确认

利润是指企业在一定会计期间的经营成果，利润包括收入减去费用后的净额、直接计入当期利润的利得和损失等。

利润反映的是收入减去费用、利得以及损失后的净额。因此，利润的确认主要依赖于收入和费用以及利得和损失的确认，其金额的确定主要取决于收入、费用、利得和损失金额的计量。利润计算的指标主要有三类：营业利润、利润总额、净利润。

## 二、财务会计计量

会计计量，是为了将符合条件的会计要素登记入账并列报于财务报表而确定其金额的过程。企业应当按照规定的会计计量属性进行计量，确定相关金额。

### （一）会计计量属性

计量属性，是指所赋予计量的某一要素的特性方面。例如，楼房的高度、沙子的重量，椅子的高度等。从会计角度，计量属性反映的是会计要素金额的确定基础，它主要包括历史成本、重置成本、可变现净值、现值和公允价值等。

### 1. 历史成本

历史成本又称实际成本，是最基本的会计计量属性，就是取得或制造某项财产物资时所实际支付的现金或其他等价物。在历史成本计量下，资产按照购置时支付的现金或者现金等价物的金额，或者按照购置资产时所付出的对价的公允价值计量。负债按照因承担现时义务而实际收到的款项或者资产的金额，或者承担现时义务的合同金额，或者按照日常活动中为偿还负债预期需要支付的现金或者现金等价物的金额计量。

### 2. 重置成本

重置成本又称现行成本，是指按照当前市场条件，重新取得同样一项资产所需支付的现金或现金等价物金额。在重置成本计量下，资产按照现在购买相同或者相似资产所需支付的现金或者现金等价物的金额计量。负债按照现在偿付该项债务所需支付的现金或者现金等价物的金额计量。通常多应用于盘盈固定资产的计量等。

### 3. 可变现净值

可变现净值，是指在正常生产经营过程中，以预计售价减去进一步加工成本和预计销售费用以及相关税费后的净值。在可变现净值计量下，资产按照其正常对外销售所能收到现金或者现金等价物的金额，扣减该资产至完工时估计将要发生的成本、估计的销售费用以及相关税费后的金额计量。通常应用于存货资产减值情况下的后续计量。

### 4. 现值

现值是指对未来现金流量以恰当的折现率进行折现后的价值，是考虑货币时间价值的一种计量属性。在现值计量下，资产按照预计从其持续使用和最终处置中，所产生的未来净现金流入量的折现金额计量。负债按照预计期限内，需要偿还的未来净现金流出量的折现金额计量。通常用于非流动资产可收回金额和以摊余成本计量的金融资产价值的确定。

### 5. 公允价值

公允价值，是指在公平交易中，熟悉情况的交易双方自愿进行资产交换或者债务清偿的金额。在公允价值计量下，资产和负债按照在公平交易中，熟悉情况的交易双方自愿进行资产交换或者债务清偿的金额计量。主要应用于交易性金融资产、可供出售金融资产的计量等。

### （二）会计计量属性的应用

会计计量属性尽管包括历史成本、重置成本、可变现净值、现值和公允价值等，但是企业在对会计要素进行计量时，应当严格按照规定选择相应的计量属性。一般情况下，对于会计要素的计量，应当采用历史成本计量属性，例如，企业建造厂房、购置存货、购置无形资产等，应当以所购入资产发生的实际成本作为资产计量金额。

但在某些情况下，如果仅仅以历史成本作为计量属性，可能难以达到会计信息的质量要求，不利于实现财务报告的目标，有时甚至会损害会计信息质量，影响会计信息的有用性。例如，企业持有的衍生金融工具往往没有实际成本，或者即使有实际成本，实际成本也与其价值相差甚远。因此，如果按照历史成本对衍生金融工具计量时，大量的衍生金融工具交易将成为表外事项，与衍生金融工具有关的价值及其风险信息将无法得到充分披露。在这种情况下，为了提高会计信息的有用性，向使用者提供与决策相关的信息，就有必要采用其他计量属性（比如公允价值）进行会计计量，以弥补历史成本计量属性的缺陷。

鉴于应用重置成本、可变现净值、现值、公允价值等其他计量属性，往往需要依赖于估计，为了使所估计的金额在提高会计信息的相关性的同时，又不影响其可靠性，企业会计准则要求企业应当保证根据重置成本、可变现净值、现值、公允价值所确定的会计要素金额能够取得并可靠计量；如果这些金额无法取得或者可靠地计量，则不允许采用其他计量属性。

# 第四节　财务会计的信息质量要求

　　会计信息质量要求是对企业财务报告中所提供的会计信息质量的基本要求，是使财务报告中所提供会计信息对使用者决策有用所应具备的基本特征。根据基本准则规定，它包括可靠性、可比性、可理解性、相关性、及时性、谨慎性、重要性和实质重于形式等。其中，可靠性、相关性、可理解性和可比性是会计信息的首要质量要求，是企业财务报告中所提供会计信息应具备的基本质量特征；实质重于形式、重要性、谨慎性和及时性是会计信息的次级质量要求，是对可靠性、相关性、可理解性和可比性等首要质量要求的补充和完善。

## 一、会计信息质量的可靠性

　　可靠性又称真实性或客观性，要求企业应当以实际发生的交易或者事项为依据进行会计确认、计量和报告，如实反映符合确认和计量要求的各项会计要素及其他相关信息，保证会计信息真实可靠、内容完整。具体包括以下要求：

　　一是企业应当以实际发生的交易或者事项为依据进行会计确认、计量。企业在会计确认、计量时，应当以实际发生的经济业务为依据，做到内容真实、数字准确、资料可靠。会计核算时，只能将符合会计要素定义及其确认条件的资产、负债、所有者权益、收入、费用和利润等，如实反映在财务报表中，不能以虚构的、没有发生的或者尚未发生的交易或者事项进行确认、计量和报告。

　　二是企业应当在符合重要性和成本效益原则的前提下，保证会计信息的完整性。企业在会计核算时，在保证资料真实、可靠的情况下，在符合重要性和成本效益原则的前提下，应该保证会计信息的完整性，其中包括编报的报表及其附注内容应当保持完整，不能随意遗漏或者减少应予披露的信息，与使用者决策相关的有用信息都应当充分披露。

## 二、会计信息质量的可比性

可比性要求企业提供的会计信息应当具有可比性，具体包括以下方面：

一是同一企业不同时期可比。我们一般理解为纵向可比性。为了便于投资者等财务报告使用者了解企业财务状况和经营成果变化的趋势，比较企业在不同时期的财务报告信息，全面、客观地评价过去、预测未来，从而作出决策。会计信息质量的可比性要求同一企业对于不同时期发生的相同或者相似的交易或者事项，应当采用一致的会计政策，不得随意变更。但是，满足会计信息可比性的要求，并不表明企业不得变更会计政策，如果按照规定或者会计政策变更后可以提供更可靠、更相关的会计信息时，可以变更会计政策，有关会计政策变更的情况，应当在附注中予以说明。

二是不同企业相同会计期间可比。我们一般理解为横向可比性。为了便于投资者等财务报告使用者评价不同企业的财务状况、经营成果的水平及其变动情况，会计信息质量的可比性要求不同企业同一会计期间发生的相同或者相似的交易或者事项，应当采用规定的会计政策，确保会计信息口径一致、相互可比，以使不同企业按照一致的确认、计量和报告基础提供有关的会计信息。

## 三、会计信息质量的可理解性

可理解性又称明晰性。可理解性要求企业提供的会计信息应当清晰明了，便于投资者等财务会计报告使用者理解和使用。

企业编制财务报告、提供会计信息的目的在于使用，而要使使用者有效地使用会计信息，就应当让其了解会计信息的内涵，明白会计信息的内容，这就要求财务报告所提供的会计信息应当清晰明了，易于理解。只有这样，才能提高会计信息的有用性，实现财务报告的目标，满足向使用者提供决策有用信息的要求。

鉴于会计信息是一种专业性较强的信息，因此，在强调会计信息的可理解性要求的同时，还应假定使用者具有一定的有关企业生产经营活动和会计核算方面的知识，并且愿意付出努力去研究这些信息。对于某些复杂的信息，例如，交易本身较为复杂或者会计处理较为复杂，但其对使用者的经济决策是相关的，就应当在财务报告中予以披露，企业不能仅以该信息会使某些使用者难以理解而将其排除在财务报告所应披露的信息之外。

## 四、会计信息质量的相关性

相关性要求企业提供的会计信息应当与财务会计报告使用者的经济决策需要相关，有助于财务会计报告使用者对企业过去、现在和未来的情况作出评价或预测。

会计信息是否有用，是否具有价值，关键是看其与使用者的决策需要是否相关，是否有助于决策或者提高决策水平。相关的会计信息应当有助于使用者评价企业过去的决策，证实或者修正过去的有关预测，因而具有反馈价值。相关的会计信息还应当具有预测价值，有助于使用者根据财务报告所提供的会计信息预测企业未来的财务状况、经营成果和现金流量。

会计信息质量的相关性要求，需要企业在确认、计量和报告会计信息的过程中，充分考虑使用者的决策模式和信息需要。

## 五、会计信息质量的及时性

及时性要求企业对于已经发生的交易或者事项，应当及时会计确认、计量和报告，不得提前或者延后。

会计信息的价值在于帮助使用者作出经济决策，因此具有时效性。即使是可靠的、相关的会计信息，如果不及时提供，也就失去了时效性，对于使用者的效用就大大降低，甚至不再具有任何意义。在会计确认、计量和报告过程中贯彻及时性：一是要求及时收集会计信息，即在经济交易或者事项发生后，及时收集整理各种原始单据或者凭证；二是要求及时处理会计信息，即按照企业会计准则的规定，及时对经济交易或者事项进行确认或者计量，并编制出财务报告；三是要求及时传递会计信息，即按照国家规定的有关时限，及时地将编制的财务报告传递给财务报告使用者，便于其及时使用和决策。

## 六、会计信息质量的谨慎性

谨慎性要求企业对交易或者事项进行会计确认、计量和报告应当保持应有的谨慎，不应高估资产或者收益、低估负债或者费用。

在市场经济环境下，企业的生产经营活动面临许多风险和不确定性，例如，应收款项的可收回性、固定资产的使用寿命、无形资产的使用寿命、售出存货可能发生的退货或者返修等。会计信息质量的谨慎性要求，需要企业在面临不确定因素的情况下作出职业判断时，应当保持应有的谨慎，充分估计到各种风险和损失，既不高估资产或者收益，也不低估负债或者费用。例如，要求企业对售出商品所提供的产品质量保证确认一项预计负债，就体现了会计信息质量的谨慎性要求。

但是，谨慎性的应用并不允许企业设置秘密准备，如果企业故意低估资产或者收益，或者故意高估负债或者费用，则不符合会计信息的可靠性和相关性要求，损害会计信息质量，扭曲企业实际的财务状况和经营成果，从而对使用者的决策产生误导，这是企业会计准则所不允许的。

## 七、会计信息质量的重要性

重要性要求企业提供的会计信息应当反映与企业财务状况、经营成果和现金流量等有关的所有重要交易或者事项。

如果财务报告中提供的会计信息的省略或者错报会影响投资者据此作出经济决策的，该信息就具有重要性。重要性的应用需要依赖职业判断，企业应当根据其所处环境和实际情况，从项目的性质和金额大小两方面来判断其重要性。

## 八、会计信息质量的实质重于形式

实质重于形式，要求企业应当按照交易或者事项的经济实质进行会计确认、计量和报告，不应仅以交易或者事项的法律形式为依据。

企业发生的交易或事项在多数情况下，其经济实质和法律形式是一致的，但在有些情况下也会出现不一致。例如，企业按照销售合同销售商品但又签订了售后回购协议，虽然从法律形式上看实现了收入，但如果企业没有将商品所有权上的主要风险和报酬转移给购货方，没有满足收入确认的各项条件，即使签订了商品销售合同或者已将商品交付给购货方，也不应当确认销售收入。如果企业仅仅以交易或者事项的法律形式为依据进行会计确认、计量和报告，那么就容易导致会计信息失真，无法如实反映经济现实。

在会计实务中，交易或者事项的法律形式并不是总能完全真实地反映其实质内容。所以，会计信息要想反映其所反映的交易或者事项，就必须根据交易或事项的实质和经济现实来进行判断，而不能仅仅根据它们的法律形式。

# 第二章 财务会计核算的基本要素

## 第一节 资产的核算

### 一、固定资产的核算

固定资产是指同时具有下列特征的有形资产：一是为生产商品、提供劳务、出租或经营管理而持有的；二是使用寿命超过一个会计年度。

#### （一）固定资产的初始计量

固定资产的初始计量，指确定固定资产的取得成本。固定资产应当按照成本进行初始计量。成本包括企业为购建某项固定资产达到预定可使用状态前所发生的一切合理的、必要的支出。在实务中，企业取得固定资产的方式是多种多样的，包括外购、自行建造、投资者投入以及非货币性资产交换、债务重组、企业合并和融资租赁等，取得的方式不同，其成本的具体构成内容及确定方法也不尽相同。

#### 1. 外购固定资产的成本计量

企业外购固定资产的成本，包括购买价款，相关税费，使固定资产达到预定可使用状态前所发生的可归属于该项资产的运输费、装卸费、安装费和专业人员服务费等。

外购固定资产是否达到预定可使用状态，需要根据具体情况分析判断。如果购入不需安装的固定资产，购入后即可发挥作用。因此，购入后即可达到预定可使用状态。如果购入需安装的固定资产，只有安装调试后，达到设计要求或合同规定的标准，该项固定资产才可发挥作用，意味着达到预定可使用状态。

在实务中，企业可能以一笔款项同时购入多项没有单独标价的资产。如果这些资产均符合固定资产的定义，并满足固定资产的确认条件，则应将各项资产单独确认为固定资产，并按各项固定资产公允价值的比例；对总成本进行分配，分别确定各项固定资产的成本。如果以一笔款项购入的多项资产中还包括固定资产以外的其他资产，也应按类似的方法予以处理。

企业购入的固定资产分为不需要安装的固定资产和需要安装的固定资产两种情形。前者的取得成本为企业实际支付的购买价款、包装费、运杂费、保险费、专业人员服务费和相关税费（不含可抵扣的增值税进项税税额）等，其账务处理为：按应计入固定资产成本的金额，借记"固定资产"科目，贷记"银行存款""其他应付款""应付票据"等科目；后者的取得成本是在前者取得成本的基础上，加上安装调试成本等，其账务处理为：按应计入固定资产成本的金额，先记入"在建工程"科目，安装完毕交付使用时再转入"固定资产"科目。

企业购买固定资产通常在正常信用条件期限内付款，但也会发生超过正常信用条件购买固定资产的经济业务，如采用分期付款方式购买资产，且在合同中，约定的付款期限比较长，超过了正常信用条件。在这种情况下，该项购货合同实质上具有融资性质，购入固定资产的成本不能以各期付款额之和确定，而应以各期付款额的现值之和确定。固定资产购买价款的现值，应当按照各期支付的价款选择恰当的折现率进行折现后的金额加以确定。折现率是反映当前市场货币时间价值和延期付款债务特定风险的利率。该折现率实质上是供货企业的必要报酬率。各期实际支付的价款之和与其现值之间的差额，在达到预定可使用状态之前符合《企业会计准则第17号——借款费用》中规定的资本化条件的，应当通过在建工程计入固定资产成本，其余部分应当在信用期间内确认为财务费用，计入当期损益。其账务处理为：购入固定资产时，按购买价款的现值，借记"固定资产"或"在建工程"等科目，按应支付的金额，贷记"长期应付款"科目，按其差额，借记"未确认融资费用"科目。

### 2. 自行建造固定资产的成本计量

自行建造固定资产的成本，由建造该项资产达到预定可使用状态前所发生的必要支出构成。包括工程物资成本、人工成本、交纳的相关税费、应予资本化的借款费用以及应分摊的间接费用等。

企业自行建造固定资产包括自营建造和出包建造两种方式。无论采用何种方式，所建工程都应当按照实际发生的支出确定其工程成本并单独核算。

（1）自营方式建造

企业以自营方式建造固定资产，意味着企业自行组织工程物资采购、自行组织施工人员从事工程施工。实务中，企业较少采用自营方式建造固定资产，多数情况下采用出包方式。企业如有以自营方式建造固定资产，其成本应当按照直接材料、直接人工、直接机械施工费等计量。

企业为建造固定资产准备的各种物资应当按照实际支付的买价、运输费、保险费等相关税费作为实际成本，并按照各种专项物资的种类进行明细核算。工程完工后，剩余的工程物资转为本企业存货的，按其实际成本或计划成本进行结转。建设期间发生的工程物资盘亏、报废及毁损，减去残料价值以及保险公司、过失人等赔款后的净损失，计入所建工程项目的成本；盘盈的工程物资或处置净收益，冲减所建工程项目的成本。工程完工后发生的工程物资盘盈、盘亏、报废、毁损，计入当期损益。

建造固定资产领用工程物资、原材料或库存商品，应按其实际成本转入所建工程成本。自营方式建造固定资产应负担的职工薪酬、辅助生产部门为之提供的水、电、运输等劳务，以及其他必要支出等也应计入所建工程项目的成本。符合资本化条件，应计入所建造固定资产成本的借款费用，按照《企业会计准则第17号——借款费用》的有关规定处理。

所建造的固定资产已达到预定可使用状态，但尚未办理竣工结算的，应当自达到预定可使用状态之日起，根据工程预算、造价或者工程实际成本等，按暂估价值转入固定资产，并按有关计提固定资产折旧的规定，计提固定资产折旧。待办理竣工决算手续后，再调整原来的暂估价值，但不需要调整原已计提的折旧额。

企业自营方式建造固定资产，发生的工程成本应通过"在建工程"科目核算，工程完工达到预定可使用状态时，从"在建工程"科目转入"固定资产"科目。

高危行业企业按照国家规定提取的安全生产费，应当计入相关产品的成本或当期损益，同时记入"专项储备"科目。企业使用提取的安全生产费形成固定资产的，应当通过"在建工程"科目归集所发生的支出，待安全项目完工达到预定可使用状态时确认为固定资产，同时，按照形成固定资产的成本冲减专项储备，并确认相同金额的累计折旧。该固定资产在以后期间不再计提折旧。

（2）出包方式建造

在出包方式下，企业通过招标方式将工程项目发包给建造承包商，由建造承包商（即施工企业）组织工程项目施工。企业要与建造承包商签订建造合同，企业是建造合同的甲方，负责筹集资金和组织管理工程建设，通常称为建设单位；建造承包商是建造合同的乙方，负责建筑安装工程施工任务。

企业以出包方式建造固定资产，其成本由建造该项固定资产达到预定可使用状态前所发生的必要支出构成，包括发生的建筑工程支出、安装工程支出，以及需分摊计入各固定资产价值的待摊支出。建筑工程、安装工程支出，如人工费、材料费、机械使用费等由建造承包商核算。对于发包企业而言，建筑工程支出、安装工程支出是构成在建工程成本的重要内容，发包企业按照合同规定的结算方式和工程进度定期与建造承包商办理工程价款结算，结算的工程价款计入在建工程成本。待摊支出，是指在建设期间发生的、不能直接计入某项固定资产价值，而应由所建造固定资产共同负担的相关费用，包括为建造工程发生的管理费、可行性研究费、临时设施费、公证费、监理费、应负担的税金、符合资本化条件的借款费用、建设期间发生的工程物资盘亏、报废及毁损净损失以及负荷联合试车费等。企业为建造固定资产通过出让方式取得土地使用权而支付的土地出让金不计入在建工程成本，应确认为无形资产（土地使用权）。

在出包方式下，"在建工程"科目主要是企业与建造承包商办理工程价款的结算科目，企业支付给建造承包商的工程价款，作为工程成本通过"在建工程"科目核算。企业应按合理估计的工程进度和合同规定结算的进度款，借记"在建工程——建筑工程——××工程""在建工程——安装工程——××工程"科目，贷记"银行存款""预付账款"等科目。工程完成时，按合同规定补付的工程款，借记"在建工程"科目，贷记"银行存款"等科目。企业将需安装设备运抵现场安装时，借记"在建工程——在安装设备——××设备"科目，贷记"工程物资——××设备"科目；企业为建造固定资产发生的待摊支出，借记"在建工程——待摊支出"科目，贷记"银行存款""应付职工薪酬""长期借款"等科目。

3. 其他固定资产的成本计量

企业取得固定资产的其他方式与存货类似，也主要包括以下方面：

（1）投资者投入固定资产的成本。投资者投入固定资产的成本，应当按照投资合同或协议约定的价值确定，但合同或协议约定价值不公允的除外。在投资合同或协议约定价值不公允的情况下，按照该项固定资产的公允价值作为入账价值。

（2）通过非货币性资产交换、债务重组、企业合并等方式取得的固定资产的成本。企业通过非货币性资产交换、债务重组、企业合并等方式取得的固定资产，其成本应当分别按照《企业会计准则第7号——非货币性资产交换》《企业会计准则第12号——债务重组》《企业会计准则第20号——企业合并》等的规定确定。但是，其后续计量和披露应当执行固定资产准则的规定。

（3）盘盈固定资产的成本。盘盈的固定资产，作为前期差错处理，在按管理权限报经批准处理前，应先通过"以前年度损益调整"科目核算。

（4）弃置费用的固定资产。对于特殊行业的特定固定资产，确定其初始成本时，还应考虑弃置费用。弃置费用通常是指根据国家法律和行政法规、国际公约等规定，企业承担的环境保护和生态恢复等义务所确定的支出，如核电站核设施等的弃置和恢复环境义务。

弃置费用的金额与其现值比较通常较大，需要考虑货币时间价值，对于这些特殊行业的特定固定资产，企业应当根据《企业会计准则第13号——或有事项》，按照现值计算确定应计入固定资产成本的金额和相应的预计负债。在固定资产的使用寿命内按照预计负债的摊余成本和实际利率计算确定的利息费用应当在发生时计入财务费用。一般工商企业的固定资产发生的报废清理费用不属于弃置费用，应当在发生时作为固定资产处置费用处理。

### （二）固定资产的后续计量

固定资产的后续计量主要包括固定资产折旧的计提、减值损失的确定，以及后续支出的计量。其中，固定资产的减值应当按照《企业会计准则第8号——资产减值》处理。

#### 1. 固定资产的折旧

折旧是指在固定资产的使用寿命内，按照确定的方法对应计折旧额进行的系统分摊。应计折旧额，是指应当计提折旧的固定资产的原价扣除其预计净残值后的金额。如果已对固定资产计提减值准备，还应当扣除已计提的固定资产减值准备累计金额。

（1）固定资产折旧的影响因素

固定资产折旧的影响因素主要有以下四个方面：

一是固定资产原价。固定资产原价指固定资产的成本。

二是预计净残值。预计净残值指假定固定资产预计使用寿命已满并处于使用寿命终了时的预期状态，企业目前从该项资产处置中获得的扣除预计处置费用后的金额。

三是固定资产减值准备。固定资产减值准备指固定资产已计提的固定资产减值准备累计金额。固定资产计提减值准备后，应当在剩余使用寿命内根据调整后的固定资产账面价值（固定资产账面余额扣减累计折旧和累计减值准备后的金额）和预计净残值重新计算确定折旧率和折旧额。

四是固定资产的使用寿命。固定资产的使用寿命指企业使用固定资产的预计期间，或者该固定资产所能生产产品或提供劳务的数量。企业确定固定资产使用寿命时，应当考虑四个因素：①该项资产预计生产能力或实物产量。②该项资产预计有形损耗，指固定资产在使用过程中，由于正常使用和自然力的作用而引起的使用价值和价值的损失，如设备使用中发生磨损、房屋建筑物受到自然侵蚀等。③该项资产预计无形损耗，指由于科学技术的进步和劳动生产率的提高而带来的固定资产价值上的损失，如因新技术的出现而使现有的资产技术水平相对陈旧、市场需求变化使其所生产的产品过时等。④法律或者类似规定对该项资产使用的限制。某些固定资产的使用寿命可能受法律或类似规定的约束。如对于融资租赁的固定资产，根据《企业会计准则第 21 号——租赁》规定，能够合理确定租赁期届满时将会取得租赁资产所有权的，应当在租赁资产使用寿命内计提折旧；如果无法合理确定租赁期届满时能够取得租赁资产所有权的，应当在租赁期与租赁资产使用寿命两者中较短的期间内计提折旧。

（2）固定资产折旧的范围

企业应当对所有的固定资产计提折旧，但是，已提足折旧仍继续使用的固定资产和单独计价入账的土地除外。在确定计提折旧的范围时还应注意以下三点：

第一，固定资产应当按月计提折旧，并根据用途计入相关资产的成本或者当期损益。固定资产应自达到预定可使用状态时开始计提折旧，终止确认时或划分为持有待售非流动资产时停止计提折旧。为了简化核算，当月增加的固定资产，当月不计提折旧，从下月起计提折旧；当月减少的固定资产，当月仍计提折旧，从下月起不计提折旧。

第二，固定资产提足折旧后，不论能否继续使用，均不再计提折旧，提前报废的固定资产也不再补提折旧。所谓提足折旧是指已经提足该项固定资产的应计折旧额。

第三，已达到预定可使用状态但尚未办理竣工决算的固定资产，应当按照估计价值确定其成本，并计提折旧；待办理竣工决算后再按实际成本调整原来的暂估价值，但不需要调整原已计提的折旧额。

（3）固定资产折旧的常用方法

企业应当根据与固定资产有关的经济利益的预期实现方式，合理选择折旧方法。可选用的折旧方法包括年限平均法、工作量法、双倍余额递减法和年数总和法等。企业选用不同的固定资产折旧方法，将影响固定资产使用寿命期间内不同时期的折旧费用，因此，固定资产的折旧方法一经确定，不得随意变更。如需变更应当符合《固定资产准则》第十九条的规定。

第一，年限平均法。年限平均法又称直线法，是指将固定资产的应计折旧额均衡地分摊到固定资产预计使用寿命内的一种方法。采用这种方法计算的每期折旧额均相等。

采用年限平均法计算固定资产折旧虽然比较简便，但它也存在着一些明显的局限性。首先，固定资产在不同使用年限提供的经济效益是不同的。一般讲，固定资产在其使用前期工作效率相对较高，所带来的经济利益也就多，而在其使用后期，工作效率一般呈下降趋势，因而，所带来的经济利益也就逐渐减少。年限平均法不予考虑，明显是不合理的。其次，固定资产在不同的使用年限发生的维修费用也不一样。固定资产的维修费用将随着其使用时间的延长而不断增加，而年限平均法也没有考虑这一因素。

当固定资产各期负荷程度相同时，各期应分摊相同的折旧费，这时采用年限平均法计算折旧是合理的。但是，如果固定资产各期负荷程度不同，采用年限平均法计算折旧时，则不能反映固定资产的实际使用情况，计提的折旧额与固定资产的损耗程度也不相符。

第二，工作量法。工作量法，是根据实际工作量计算每期应提折旧额的一种方法。

第三，双倍余额递减法。双倍余额递减法，是指在不考虑固定资产预计净残值的情况下，根据每期期初固定资产原价减去累计折旧后的金额（即固定资产净值）和双倍的直线法折旧率计算固定资产折旧的一种方法。

由于每年年初固定资产净值没有扣除预计净残值，因此，在应用这种方法计算折旧额时必须注意不能使固定资产的净值降低到其预计净残值以下，即采用双倍余额递减法计提折旧的固定资产，通常在其折旧年限到期前两年内，将固定资产净值扣除预计净残值后的余额平均摊销。

第四，年数总和法。年数总和法，又称年限合计法，是将固定资产的原价减去预计净残值的余额乘以一个以固定资产尚可使用寿命为分子、以预计使用寿命逐年数字之和为分母的逐年递减的分数计算每年的折旧额。

双倍余额递减法和年数总和法都属于加速折旧法，其特点是在固定资产使用的早期多提折旧，后期少提折旧，其递减的速度逐年加快，从而相对加快折旧的速度，目的是使固定资产成本在估计使用寿命内加快得到补偿。

（4）固定资产的使用寿命

由于固定资产的使用寿命长于一年，属于企业的非流动资产，企业至少应当于每年年度终了，对固定资产的使用寿命、预计净残值和折旧方法进行复核。

在固定资产使用过程中，其所处的经济环境、技术环境以及其他环境有可能对固定资产使用寿命和预计净残值产生较大影响。例如，固定资产使用强度比正常情况加强，致使固定资产实际使用寿命缩短；替代该项固定资产的新产品的出现致使其实际使用寿命缩短，预计净残值减少等。为真实反映固定资产为企业提供经济利益的期间及每期实际的资产消耗，企业至少应当于每年年度终了，对固定资产使用寿命和预计净残值进行复核。如有确凿证据表明，固定资产使用寿命预计数与原先估计数有差异，应当调整固定资产使用寿命；如果固定资产预计净残值预计数与原先估计数有差异，应当调整预计净残值。

固定资产使用过程中所处经济环境、技术环境以及其他环境的变化也可能致使与固定资产有关的经济利益的预期实现方式发生重大改变。如果固定资产给企业带来经济利益的方式发生重大变化，企业也应相应改变固定资产折旧方法。例如，某企业以前年度采用年限平均法计提固定资产折旧，此次年度复核中发现，与该固定资产相关的技术发生很大变化，年限平均法已很难反映该项固定资产给企业带来经济利益的方式，因此，决定变年限平均法为加速折旧法。

企业应当根据《企业会计准则第4号——固定资产》的规定，结合企业的实际情况，制定固定资产目录、分类方法、每类或每项固定资产的使用寿命、预计净残值、折旧方法等，并编制成册，根据企业的管理权限，经股东大会或董事会，或经理（厂长）会议或类似机构批准，按照法律、行政法规等的规定报送有关各方备案，同时备置于企业所在地，以供投资者等有关各方查阅。企业已经确定并对外报送，或备置于企业所在地的有关固定资产目录、分类方法、使用寿命、预计净残值、折旧方法等，一经确定不得随意变更，如需变更，仍然应按照上述程序，经批准后报送有关各方备案。

固定资产使用寿命、预计净残值和折旧方法的改变应作为会计估计变更，按照《企业会计准则第 28 号——会计政策、会计估计变更和差错更正》处理。

### 2. 固定资产减值损失的确定

固定资产的初始入账价值是历史成本，由于固定资产使用年限较长，市场条件和经营环境的变化、科学技术的进步以及企业经营管理不善等原因，都可能导致固定资产创造未来经济利益的能力大大下降。因此，固定资产的真实价值有可能低于账面价值，在期末必须对固定资产减值损失进行确认。

固定资产在资产负债表中存在可能发生减值的迹象时，其可收回金额低于账面价值的，企业应当将该固定资产的账面价值减记至可收回金额，减记的金额确认为减值损失，计入当期损益，同时计提相应的资产减值准备，借记"资产减值损失——计提的固定资产减值准备"科目，贷记"固定资产减值准备"科目。

固定资产减值损失一经确认，在以后会计期间不得转回。

### 3. 固定资产后续支出的计量

固定资产的后续支出是指固定资产使用过程中发生的更新改造支出、修理费用等。后续支出的处理原则为：符合固定资产确认条件的，应当计入固定资产成本，同时将被替换部分的账面价值扣除；不符合固定资产确认条件的，应当计入当期损益。

（1）资本化后续支出

固定资产发生可资本化的后续支出时，企业一般应将该固定资产的原价、已计提的累计折旧和减值准备转销，将固定资产的账面价值转入在建工程，并在此基础上重新确定固定资产原价。因已转入在建工程，因此停止计提折旧。在固定资产发生的后续支出完工并达到预定可使用状态时，再从在建工程转为固定资产，并按重新确定的固定资产原价、使用寿命、预计净残值和折旧方法计提折旧。固定资产发生的可资本化的后续支出,通过"在建工程"科目核算。

企业发生的某些固定资产后续支出,可能涉及替换原固定资产的某组成部分,当发生的后续支出符合固定资产确认条件时,应将其计入固定资产成本,同时将被替换部分的账面价值扣除。这样可以避免将替换部分的成本和被替换部分的成本同时计入固定资产成本,导致固定资产成本高计。企业对固定资产进行定期检查发生的大修理费用,符合资本化条件的,可以计入固定资产成本;不符合资本化条件的,应当费用化,计入当期损益。固定资产在定期大修理间隔期间,照提折旧。

(2)费用化后续支出

与固定资产有关的修理费用等后续支出,不符合固定资产确认条件的,应当根据不同情况分别在发生时,计入当期管理费用或销售费用。

一般情况下,固定资产投入使用之后,由于固定资产磨损、各组成部分耐用程度不同,可能导致固定资产的局部损坏,为了维护固定资产的正常运转和使用,充分发挥其使用效能,企业将对固定资产进行必要的维护。固定资产的日常修理费用在发生时应直接计入当期损益。企业生产车间(部门)和行政管理部门等发生的固定资产修理费用等后续支出计入管理费用;企业设置专设销售机构的,其发生的与专设销售机构相关的固定资产修理费用等后续支出,计入销售费用。企业固定资产更新改造支出不满足固定资产确认条件的,在发生时应直接计入当期损益。

### (三)固定资产的处置

#### 1. 固定资产的终止

固定资产满足下列条件之一的,应当予以终止确认:

(1)该固定资产处于处置状态。固定资产处置包括固定资产的出售、转让、报废或毁损、对外投资、非货币性资产交换、债务重组等。处于处置状态的固定资产不再用于生产商品、提供劳务、出租或经营管理。因此,不再符合固定资产的定义,应予终止确认。

(2)该固定资产预期通过使用或处置不能产生经济利益。固定资产的确认条件之一是"与该固定资产有关的经济利益很可能流入企业",如果一项固定资产预期通过使用或处置不能产生经济利益,那么,它就不再符合固定资产的定义和确认条件,应予终止确认。

### 2. 固定资产处置的账务处理

企业出售、转让、报废固定资产或发生固定资产毁损，应当将处置收入扣除账面价值和相关税费后的金额计入当期损益。固定资产处置一般通过"固定资产清理"科目进行核算。

企业因出售、转让、报废或毁损、对外投资、非货币性资产交换、债务重组等处置固定资产，其会计处理一般经过以下步骤：

（1）固定资产转入清理。固定资产转入清理时，按固定资产账面价值，借记"固定资产清理"科目，按已计提的累计折旧，借记"累计折旧"科目，按已计提的减值准备，借记"固定资产减值准备"科目；按固定资产账面余额，贷记"固定资产"科目。

（2）发生的清理费用。固定资产清理过程中发生的有关费用以及应支付的相关税费，借记"固定资产清理"科目，贷记"银行存款""应交税费"等科目。

（3）出售收入和残料等的处理。企业收回出售固定资产的价款、残料价值和变价收入等，应冲减清理支出。按实际收到的出售价款以及残料变价收入等，借记"银行存款""原材料"等科目，贷记"固定资产清理""应交税费——应交增值税"等科目。

（4）保险赔偿的处理。企业计算或收到的应由保险公司或过失人赔偿的损失，应冲减清理支出，借记"其他应收款""银行存款"等科目，贷记"固定资产清理"科目。

（5）清理净损益的处理。固定资产清理完成后的净损失，属于生产经营期间正常的处理损失，借记"营业外支出——处置非流动资产损失"科目，贷记"固定资产清理"科目；属于生产经营期间由于自然灾害等非正常原因造成的，借记"营业外支出——非常损失"科目，贷记"固定资产清理"科目。固定资产清理完成后的净收益，借记"固定资产清理"科目，贷记"营业外收入"科目。

### 3. 固定资产的持有待售划分

同时满足下列条件的非流动资产（包括固定资产）应当划分为持有待售：一是企业已经就处置该非流动资产作出决议；二是企业已经与受让方签订了不可撤销的转让协议；三是该项转让将在1年内完成。持有待售的非流动资产包括单项资产和处置组，处置组是指作为整体出售或其他方式一并处置的一组资产。处置组通常是一组资产组、一个资产组或某个资产组中的一部分，如果处置组是一个资产组，并且按照《企业会计准则第8号——资产减值》的规定将企业合并中取得的商誉分摊至该资产组，或者该资产组是这种资产组中的一项经营，则该处置组应当包括企业合并中取得的商誉。

企业对于持有待售的固定资产，应当调整该项固定资产的预计净残值，使该项固定资产的预计净残值能够反映其公允价值减去处置费用后的金额，但不得超过符合持有待售条件时该项固定资产的原账面价值，原账面价值高于预计净残值的差额，应作为资产减值损失计入当期损益。企业应当在报表附注中披露持有待售的固定资产名称、账面价值、公允价值、预计处置费用和预计处置时间等。持有待售的固定资产不计提折旧，按照账面价值与公允价值减去处置费用后的净额孰低进行计量。

某项资产或处置组被划归为持有待售，但后来不再满足持有待售的固定资产的确认条件，企业应当停止将其划归为持有待售，并按照下列两项金额中较低者计量：①该资产或处置组被划归为持有待售之前的账面价值，按照其假定在没有被划归为持有待售的情况下原应确认的折旧、摊销或减值进行调整后的金额。②决定不再出售之日的可收回金额。符合持有待售条件的无形资产等其他非流动资产，比照上述原则处理，这里所指的其他非流动资产不包括递延所得税资产、《企业会计准则第22号——金融工具确认和计量》规范的金融资产、以公允价值计量的投资性房地产和生物资产、保险合同中产生的合同权利等。

### 4. 固定资产盘亏的会计处理

固定资产是一种价值较高、使用期限较长的有形资产。因此，对于管理规范的企业而言，盘盈、盘亏的固定资产较为少见。企业应当健全制度，加强管理，定期或者至少于每年年末，对固定资产进清查盘点，以保证固定资产核算的真实性和完整性。如果清查中，发现固定资产损失或溢余的应及时查明原因，在期末结账前处理完毕。

固定资产盘亏造成的损失，应当计入当期损益。企业在财产清查中盘亏的固定资产，按盘亏固定资产的账面价值借记"待处理财产损失或溢余——待处理固定资产损失或溢余"科目，按已计提的累计折旧，借记"累计折旧"科目；按已计提的减值准备，借记"固定资产减值准备"科目；按固定资产原价，贷记"固定资产"科目。按管理权限报经批准后处理时，按可收回的保险赔偿或过失人赔偿，借记"其他应收款"科目，按应计入营业外支出的金额，借记"营业外支出——盘亏损失"科目，贷记"待处理财产损失或溢余"科目。

## 二、无形资产的核算

无形资产是指企业拥有或者控制的没有实物形态的可辨认非货币性资产。

### （一）无形资产的确认和计量

#### 1. 无形资产的确认条件

无形资产应当在符合定义的前提下，同时满足以下两个确认条件时，才能予以确认。

（1）与资产有关的经济利益很可能流入企业。作为无形资产确认的项目，必须具备产生的经济利益很可能流入企业。通常情况下，无形资产产生的未来经济利益可能包括在销售商品、提供劳务的收入中，或者企业使用该项无形资产而减少或节约的成本中，或体现在获得的其他利益中。例如，生产加工企业在生产工序中使用了某种知识产权，使其降低了未来生产成本，而不是增加未来收入。实务中，要确定无形资产创造的经济利益是否很可能流入企业，需要实施职业判断。在实施这种判断时，需要对无形资产在预计使用寿命内可能存在的各种经济因素作出合理估计，并且应当有明确的证据支持，比如，企业是否有足够的人力资源、高素质的管理队伍、相关的硬件设备、相关的原材料等来配合无形资产为企业创造经济利益。同时，更为重要的是关注一些外界因素的影响，比如是否存在相关的新技术、新产品冲击与无形资产相关的技术或据其生产的产品的市场等。在实施判断时，企业的管理当局应对无形资产的预计使用寿命内存在的各种因素作出最稳健的估计。

（2）无形资产的成本能够可靠地计量。成本能够可靠地计量是资产确认的一项基本条件。对于无形资产，这个条件相对更为重要。比如，企业内部产生的品牌、报刊名等，因其成本无法可靠计量，不作为无形资产确认。又如，一些高新科技企业的科技人才，假定其与企业签订了服务合同，且合同规定其在一定期限内不能为其他企业提供服务。在这种情况下，虽然这些科技人才的知识在规定的期限内预期能够为企业创造经济利益，但由于这些技术人才的知识难以辨认，且形成这些知识所发生的支出难以计量，因而不能作为企业的无形资产加以确认。

## 2. 无形资产初始成本的计量

无形资产通常是按实际成本计量，即以取得无形资产并使之达到预定用途而发生的全部支出，作为无形资产的成本。对于不同来源取得的无形资产，其初始成本构成也不尽相同。

（1）外购的无形资产成本。外购的无形资产，其成本包括购买价款、相关税费以及直接归属于使该项资产达到预定用途所发生的其他支出。其中，直接归属于使该项资产达到预定用途所发生的其他支出，包括使无形资产达到预定用途所发生的专业服务费用、测试无形资产是否能够正常发挥作用的费用等。

（2）投资者投入的无形资产成本。投资者投入的无形资产的成本，应当按照投资合同或协议约定的价值确定无形资产的取得成本。如果投资合同或协议约定价值不公允的，应按无形资产的公允价值作为无形资产初始成本入账。

（3）通过非货币性资产交换取得的无形资产成本。企业通过非货币性资产交换取得的无形资产，包括以投资、存货、固定资产或无形资产换入的无形资产等。非货币性资产交换具有商业实质且公允价值能够可靠计量的，在发生补价的情况下，支付补价方应当以换出资产的公允价值加上支付的补价（即换入无形资产的公允价值）和应支付的相关税费，作为换入无形资产的成本；收到补价方，应当以换入无形资产的公允价值（或换出资产的公允价值减去补价）和应支付的相关税费，作为换入无形资产的成本。

（4）通过债务重组取得的无形资产成本。通过债务重组取得的无形资产，是指企业作为债权人取得的债务人用于偿还债务的非现金资产，且企业作为无形资产管理的资产。通过债务重组取得的无形资产成本，应当以其公允价值入账。

（5）通过政府补助取得的无形资产成本。通过政府补助取得的无形资产成本，应当按照公允价值计量；公允价值不能可靠取得的，按照名义金额计量。

（6）土地使用权的处理。企业取得的土地使用权，通常应当按照取得时所支付的价款及相关税费确认为无形资产。土地使用权用于自行开发建造厂房等地上建筑物时，土地使用权的账面价值不与地上建筑物合并计算其成本，而仍作为无形资产进行核算土地使用权与地上建筑物分别进行摊销和提取折旧。但不包括两方面：第一，房地产开发企业取得的土地使用权用于建造对外出售的房屋建筑物时，相关的土地使用权，应当计入所建造的房屋建筑物成本；第二，企业外购的房屋建筑物，实际支付的价款中包括土地以及建筑物的价值，则应当对支付的价款按照合理的方法（例如，公允价值比例）在土地和地上建筑物之间进行分配；如果确实无法在地上建筑物与土地使用权之间进行合理分配的，应当全部作为固定资产，按照固定资产确认和计量的规定进行处理。

（7）企业合并中取得的无形资产成本。企业合并中取得的无形资产，按照企业合并的分类，分别处理：第一，同一控制下吸收合并，按照被合并企业无形资产的账面价值确认为取得时的初始成本；同一控制下控股合并，合并方在合并日编制合并报表时，应当按照被合并方无形资产的账面价值作为合并基础。第二，非同一控制下的企业合并中，购买方取得的无形资产应以其在购买日的公允价值计量，包括：①被购买企业原已确认的无形资产。②被购买企业原未确认的无形资产，但其公允价值能够可靠计量，购买方就应在购买日将其独立于商誉确认为一项无形资产。例如，被购买方正在进行当中的一个研究开发项目，符合无形资产的定义且其公允价值能够可靠计量，则购买方应将其独立于商誉确认为一项无形资产。

公允价值的取得一般有两个途径：一是活跃市场中的市场报价，该报价提供了无形资产公允价值的最可靠的估计。恰当的市场价格一般是现行出价。无法获得现行出价的情况下，如果类似交易的最近交易日和资产公允价值估计日之间的经济情况没有发生重大变化，则可以类似交易的最近价格为基础来估计公允价值。二是如果无形资产不存在活跃市场，则其公允价值应按照购买日，从购买方可获得的信息为基础，在熟悉情况并自愿的当事人之间进行的公平交易中，为取得该资产所支付的金额，如对无形资产预计产生的未来现金流量进行折现。

在企业合并中，如果取得的无形资产本身可以单独辨认，但其计量或处置必须与有形的或其他无形的资产一并作价，如天然矿泉水的商标可能与特定的泉眼有关，但不能独立于该泉眼出售，在这种情况下，如果该无形资产及与其相关的资产各自的公允价值不能可靠计量，则应将该资产组（即将无形资产与其相关的有形资产一并）独立于商誉确认为单项资产。

## （二）企业内部产生的无形资产的确认计量

企业自创商誉以及企业内部产生的无形资产不确认为无形资产，如企业内部产生的品牌、报刊名等。但是，由于确定研究与开发费用是否符合无形资产的定义和相关特征（例如，可辨认性）、能否或者何时能够为企业产生预期未来经济利益，以及成本能否可靠地计量尚存在不确定因素，因此，研究与开发活动发生的费用，除了要遵循无形资产确认和初始计量的一般要求外，还需要满足其他特定的条件，才能够确定为一项无形资产。

一是为评价内部产生的无形资产是否满足确认标准，企业应当将资产的形成过程分为研究阶段与开发阶段两部分；二是对于开发过程中发生的费用，在符合一定条件的情况下，才可确认为一项无形资产。在实务工作中，具体划分研究阶段与开发阶段，以及是否符合资本化的条件，应当根据企业的实际情况以及相关信息予以判断。

**1. 研究阶段和开发阶段的特性及其不同体现**

对于企业自行进行的研究开发项目，应当区分研究阶段与开发阶段两个部分分别核算。

（1）研究阶段与开发阶段的特性

研究阶段，是指为获取新的技术和知识等进行的有计划的调查，有关研究活动的例子包括：获取知识而进行的活动；研究成果或其他知识的应用研究、评价和最终选择；材料、设备、产品、工序、系统或服务替代品的研究；以及新的或经改进的材料、设备、产品、工序、系统或服务的可能替代品的配制、设计、评价和最终选择等。研究阶段的特性在于以下方面：第一，计划性。研究阶段是建立在有计划的调查基础上，即研发项目已经董事会或者相关管理层的批准，并着手收集相关资料、进行市场调查等。例如，某药品公司为研究开发某药品，经董事会或者相关管理层的批准，进行有计划的收集相关资料、进行市场调查、比较市场中相关药品的药性、效用等活动。第二，探索性。研究阶段基本上是探索性的，为进一步的开发活动进行资料及相关方面的准备，在这一阶段不会形成阶段性成果。

从研究活动的特点看，其研究是否能在未来形成成果，即通过开发后是否会形成无形资产均具有很大的不确定性，企业也无法证明其能够带来未来经济利益的无形资产的存在。因此，研究阶段的有关支出在发生时，应当予以费用化计入当期损益。

开发阶段是指在进行商业性生产或使用前，将研究成果或其他知识应用于某项计划或设计，以生产出新的或具有实质性改进的材料、装置、产品等。

有关开发活动的例子包括：生产前或使用前的原型和模型的设计、建造和测试；含新技术的工具、夹具、模具和冲模的设计；不具有商业性生产经济规模的试生产设施的设计、建造和运营；新的或经改造的材料、设备、产品、工序、系统或服务所选定的替代品的设计、建造和测试等。开发阶段的特性在于以下方面：一是具有针对性。开发阶段是建立在研究阶段基础上，因而，对项目的开发具有针对性。二是形成成果的可能性较大。进入开发阶段的研发项目往往形成成果的可能性较大。

由于开发阶段相对于研究阶段更进一步，相对于研究阶段来讲，进入开发阶段，则很大程度上形成一项新产品或新技术的基本条件已经具备，此时如果企业能够证明满足无形资产的定义及相关确认条件，所发生的开发支出可资本化，确认为无形资产的成本。

（2）研究阶段与开发阶段的不同体现

研究阶段与开发阶段的不同主要体现在以下方面：

第一，目标不同。研究阶段一般目标不具体、不具有针对性，而开发阶段多是针对具体目标、产品、工艺等。

第二，对象不同。研究阶段一般很难具体化到特定项目上，而开发阶段往往形成对象化的成果。

第三，风险不同。研究阶段的成功概率很难判断，一般成功率很低，风险比较大，而开发阶段的成功率较高，风险相对较小。

第四，结果不同。研究阶段的结果多是研究报告等基础性成果，而开发阶段的结果则多是具体的新技术、新产品等。

## 2. 开发阶段资本化支出的确认条件

在开发阶段，判断可以将有关支出资本化计入无形资产成本的条件包括以下方面：

（1）完成该无形资产以使其能够使用或出售在技术上具有可行性。企业在判断是否满足该条件时，应以目前阶段的成果为基础，说明在此基础上进一步进行开发所需的技术条件等已经具备，基本上不存在技术上的障碍或其他不确定性，企业在判断时，应提供相关的证据和材料。

（2）具有完成该无形资产并使用或出售的意图。开发某项产品或专利技术产品等，是使用或出售通常是根据管理当局决定该项研发活动的目的或者意图所决定，应当以管理当局意图而定。因此，企业的管理当局应能够说明其持有拟开发无形资产的目的，并具有完成该项无形资产开发并使其能够使用或出售的可能性。

（3）无形资产产生经济利益的方式，包括能够证明运用该无形资产生产的产品存在市场或无形资产自身存在市场，无形资产将在内部使用的，应当证明其有用性。作为无形资产确认，其基本条件是能够为企业带来未来经济利益，就其能够为企业带来未来经济利益的方式来讲，如果有关的无形资产在形成以后，主要是用于形成新产品或新工艺的，企业应对运用该无形资产生产的产品市场情况进行估计，应能够证明所生产的产品存在市场，并能够带来经济利益的流入；如果有关的无形资产开发以后主要是用于对外出售的，则企业应能够证明市场上存在对该类无形资产的需求，开发以后存在外在的市场可以出售并带来经济利益的流入；如果无形资产开发以后，不是用于生产产品，也不是用于对外出售，而是在企业内部使用的，则企业应能够证明在企业内部使用时对企业的有用性。

（4）有足够的技术、财务资源和其他资源支持，以完成该无形资产的开发，并有能力使用或出售该无形资产。这一条件主要包括三个方面：第一，为完成该项无形资产开发具有技术上的可靠性。开发无形资产并使其形成成果在技术上的可靠性，是继续开发活动的关键。因此，必须有确凿证据证明企业继续开发该项无形资产有足够的技术支持和技术能力。第二，财务资源和其他资源支持。财务和其他资源支持是能够完成该项无形资产开发的经济基础。因此，企业必须能够证明为完成该项无形资产的开发所需的财务和其他资源，是否能够足以支持完成该项无形资产的开发。第三，能够证明企业在开发过程中所需的技术、财务和其他资源，以及企业获得这些资源的相关计划等。如在企业自有资金不足以提供支持的情况下，是否存在外部其他方面的资金支持，如银行等金融机构愿意为该无形资产的开发提供所需资金的声明等来证实，并有能力使用或出售该无形资产。

（5）归属于该无形资产开发阶段的支出能够可靠地计量。企业对于开发活动发生的支出应单独核算，如发生的开发人员的工资、材料费等，在企业同时从事多项开发活动的情况下，所发生的支出同时用于支持多项开发活动的，应按照一定的标准在各项开发活动之间进行分配，无法明确分配的，应予费用化计入当期损益，不计入开发活动的成本。

### 3. 内部研究开发活动形成的无形资产成本的计量

内部研究开发活动形成的无形资产成本，由可直接归属于该资产的创造、生产并使该资产能够以管理层预定的方式运作的所有必要支出组成。可直接归属成本包括：开发该无形资产时耗费的材料、劳务成本、注册费、在开发该无形资产过程中使用的其他专利权和特许权的摊销，以及按照借款费用的处理原则可资本化的利息支出。在开发无形资产过程中，发生的除上述可直接归属于无形资产开发活动的其他销售费用、管理费用等间接费用，无形资产达到预定用途前发生的可辨认的无效和初始运作损失、为运行该无形资产发生的培训支出等不构成无形资产的开发成本。

值得说明的是，内部开发无形资产的成本仅包括在满足资本化条件的时点至无形资产达到预定用途前发生的支出总和，对于同一项无形资产在开发过程中达到资本化条件之前已经费用化计入当期损益的支出不再进行调整。

### （三）无形资产的后续计量

### 1. 无形资产后续计量的方法

无形资产初始确认和计量后，在其后使用该项无形资产期间内应以成本减去累计摊销额和累计减值损失后的余额计量。要确定无形资产在使用过程中的累计摊销额，基础是估计其使用寿命，而使用寿命有限的无形资产才需要在估计使用寿命内采用系统合理的方法进行摊销，对于使用寿命不确定的无形资产则不需要摊销。

（1）估计无形资产使用寿命

企业应当于取得无形资产时分析判断其使用寿命。无形资产的使用寿命如为有限的，应当估计该使用寿命的年限或者构成使用寿命的产量等类似计量单位数量；无法预见无形资产为企业带来未来经济利益期限的，应当视为使用寿命不确定的无形资产。估计无形资产使用寿命应考虑的主要因素包括以下方面：

第一，该资产通常的产品寿命周期，以及可获得的类似资产使用寿命的信息。

第二，技术、工艺等方面的现实情况及对未来发展的估计。

第三，以该资产在该行业运用的稳定性和生产的产品或服务的市场需求情况。

第四，现在或潜在的竞争者预期采取的行动。

第五，为维持该资产产生未来经济利益的能力所需要的维护支出，以及企业预计支付有关支出的能力。

第六，对该资产的控制期限，以及对该资产使用的法律或类似限制，如特许使用期间、租赁期间等。

第七，与企业持有的其他资产使用寿命的关联性等。例如，企业以支付土地出让金方式取得一块土地50年的使用权，如果企业准备长期持有，在50年期间内没有计划出售，则该项土地使用权预期为企业带来未来经济利益的期间为50年。

（2）无形资产使用寿命的确定

某些无形资产的取得源自合同性权利或其他法定权利，其使用寿命不应超过合同性权利或其他法定权利的期限。但如果企业使用资产的预期的期限短于合同性权利或其他法定权利规定的期限的，则应当按照企业预期使用的期限确定其使用寿命。例如，企业取得一项专利技术，法律保护期间为20年，企业预计运用该专利生产的产品在未来15年内会为企业带来经济利益。就该项专利技术，第三方向企业承诺在5年内以其取得之日公允价值的60%购买该专利权，从企业管理层目前的持有计划看，准备在5年内将其出售给第三方。为此，该项专利权的实际使用寿命为5年。

如果合同性权利或其他法定权利能够在到期时，因续约等延续则仅当有证据表明企业续约不需要付出重大成本时，续约期才能够包括在使用寿命的估计中。一般说明企业无须付出重大成本即可延续合同性权利或其他法定权利：有证据表明合同性权利或法定权利将被重新延续，如果在延续之前需要第三方同意，则还须有第三方将会同意的证据；有证据表明为获得重新延续所必须的所有条件将被满足，以及企业为延续持有无形资产付出的成本相对于预期从重新延续中流入企业的未来经济利益相比不具有重要性。如果企业为延续无形资产持有期间而付出的成本与预期，从重新延续中流入企业的未来经济利益相比具有重要性，则从本质上看是企业获得的一项新的无形资产。

没有明确的合同或法律规定无形资产的使用寿命的，企业应当综合各方面情况，例如企业经过努力，聘请相关专家进行论证、与同行业的情况进行比较以及参考企业的历史经验等，来确定无形资产为企业带来未来经济利益的期限。如果经过这些努力，仍无法合理确定无形资产为企业带来经济利益的期限的，才能将该无形资产作为使用寿命不确定的无形资产。例如，企业取得了一项在过去几年市场份额领先的畅销产品的商标。该商标按照法律规定还有 5 年的使用寿命，但是在保护期届满时，企业可每 10 年即以较低的手续费申请延期，同时有证据表明企业有能力申请延期。

此外，根据产品生命周期、市场竞争等方面情况综合判断，该品牌将在不确定的期间内为企业产生现金流量。综合各方面情况，该商标可视为使用寿命不确定的无形资产。又如，企业通过公开拍卖取得一项出租车运营许可，按照所在地规定，以现有出租运营许可为限，不再授予新的运营许可，而且在旧的出租车报废以后，有关的运营许可可用于新的出租车。企业估计在有限的未来，其将持续经营出租车行业。对于该运营许可，其为企业带来未来经济利益的期限从目前情况看，无法准确估计，因此，应视其为使用寿命不确定的无形资产。

（3）复核无形资产的使用寿命及其摊销方法

企业至少应当于每年年度终了，对无形资产的使用寿命及摊销方法进行复核，如果有证据表明无形资产的使用寿命及摊销方法不同于以前的估计，如由于合同的续约或无形资产应用条件的改善，延长了无形资产的使用寿命，则对于使用寿命有限的无形资产，应改变其摊销年限及摊销方法，并按照会计估计变更进行处理。例如，企业使用的某项非专利技术，原预计使用寿命为 5 年，使用至第 2 年年末，该企业计划再使用 2 年即不再使用，为此，企业应当在第 2 年年末，变更该项无形资产的使用寿命，并作为会计估计变更处理。又如，某项无形资产计提了减值准备，这可能表明企业原估计的摊销期限需要作出变更。

对于使用寿命不确定的无形资产，如果有证据表明其使用寿命是有限的，则应视为会计估计变更，应当估计其使用寿命并按照使用寿命有限的无形资产的处理原则进行处理。

**2. 无形资产的摊销**

使用寿命有限的无形资产，应在其预计的使用寿命内采用系统合理的方法对应摊销金额进行摊销。应摊销金额，是指无形资产的成本扣除残值后的金额。已计提减值准备的无形资产，还应扣除已计提的无形资产减值准备累计金额。使用寿命有限的无形资产，其残值一般应当视为零。

（1）无形资产的摊销期及摊销方法

无形资产的摊销期自其可供使用（即其达到预定用途）时起至终止确认

时止。即无形资产摊销的起始和停止日期为：当月增加的无形资产，当月开始摊销；当月减少的无形资产，当月不再摊销。

在无形资产的使用寿命内系统地分摊其应摊销金额，存在多种方法。这些方法包括直线法、生产总量法等。企业选择的无形资产摊销方法，应当能够反映与该项无形资产有关的经济利益的预期实现方式，并一致地运用于不同会计期间。例如，受技术陈旧因素影响较大的专利权和专有技术等无形资产，可采用类似固定资产加速折旧的方法摊销；有特定产量限制的特许经营权或专利权，应采用产量法摊销。无法可靠确定其预期实现方式的，应当采用直线法摊销。

无形资产的摊销一般应计入当期损益，但如果某项无形资产是专门用于生产某种产品或者其他资产，其所包含的经济利益是通过转入所生产的产品或其他资产中实现的，则无形资产的摊销费用应当计入相关资产的成本。例如，某项专门用于生产过程中的摊销费用应构成所生产产品成本的一部分，计入制造该产品的制造费用。

（2）无形资产残值的确定

除下列情况除外，无形资产的残值一般为零：第一，有第三方承诺在无形资产使用寿命结束时购买该项无形资产；第二，根据活跃市场得到无形资产预计残值信息，并且该市场在该项无形资产使用寿命结束时可能存在。

无形资产的残值意味着，在其经济寿命结束之前企业预计将会处置该无形资产，并且从该处置中取得利益。估计无形资产的残值应以资产处置时的可收回金额为基础，此时的可收回金额是指在预计出售日，出售一项使用寿命已满且处于类似使用状况下，同类无形资产预计的处置价格（扣除相关税费）。残值确定以后，在持有无形资产的期间，至少应于每年年末进行复核，预计其残值与原估计金额不同的，应按照会计估计变更进行处理。如果无形资产的残值重新估计以后高于其账面价值的，则无形资产不再摊销，直至残值降至低于账面价值时再恢复摊销。

## （四）无形资产的处置

无形资产的处置，主要是指无形资产出售、对外出租，或者是无法为企业带来未来经济利益时，应予终止确认并转销。

### 1. 无形资产对外出售

企业出售某项无形资产，表明企业放弃无形资产的所有权，应将所取得的价款与该无形资产账面价值的差额计入当期损益。但是，值得注意的是，企业出售无形资产确认其利得的时点，应按照收入确认中的有关原则进行确定。出售无形资产时，应按实际收到的金额，借记"银行存款"等科目，按已计提的累计摊销，借记"累计摊销"科目，原已计提减值准备的，借记"无形资产减值准备"科目，按应支付的相关税费，贷记"应交税费"等科目，按其账面余额，贷记"无形资产"科目，按其差额，贷记"营业外收入——处置非流动资产利得"科目或借记"营业外支出——处置非流动资产损失"科目。

### 2. 无形资产对外出租

企业将所拥有的无形资产的使用权让渡给他人，并收取租金，在满足收入确认条件的情况下，应确认相关的收入及成本，并通过其他业务收支科目进行核算。让渡无形资产使用权而取得的租金收入，借记"银行存款"等科目，贷记"其他业务收入"等科目；摊销出租无形资产的成本并发生与转让有关的各种费用支出时，借记"其他业务成本"科目，贷记"无形资产"科目。

### 3. 无形资产的报废转销

如果无形资产预期不能为企业带来未来经济利益，例如，该无形资产已被其他新技术所替代或超过法律保护期，不能再为企业带来经济利益的，则不再符合无形资产的定义，应将其报废并予以转销，其账面价值转作当期损益。转销时，应按已计提的累计摊销，借记"累计摊销"科目；按其账面余额，贷记"无形资产"科目；按其差额，借记"营业外支出"科目。已计提减值准备的，还应同时结转减值准备。

# 第二节　收入、费用和利润的核算

## 一、收入的核算

### （一）销售商品的收入

#### 1. 销售商品收入的确认和计量

（1）商品所有权上的主要风险和报酬转移给购货方的认定

企业已将商品所有权上的主要风险和报酬转移给购货方，是指与商品所有权有关的主要风险和报酬同时转移给了购货方。其中，与商品所有权有关的风险，是指商品可能发生减值或毁损等形成的损失；与商品所有权有关的报酬，是指商品价值增值或通过使用商品等形成的经济利益。

判断企业是否已将商品所有权上的主要风险和报酬转移给购货方，应当关注交易的实质，而不是形式，并结合所有权凭证的转移或实物的交付进行判断[①]。如果与商品所有权有关的任何损失均不需要销货方承担，与商品所有权有关的任何经济利益也不归销货方所有，就意味着商品所有权上的主要风险和报酬转移给了购货方。

第一，通常情况下，转移商品所有权凭证并交付实物后，商品所有权上的所有风险和报酬随之转移，如大多数零售商品。

第二，某些情况下，转移商品所有权凭证或交付实物后，商品所有权上的主要风险和报酬随之转移，企业只保留商品所有权上的次要风险和报酬，如交款提货方式销售商品。在这种情形下，应当视同商品所有权上的所有风险和报酬已经转移给购货方。

第三，某些情况下，转移商品所有权凭证或交付实物后，商品所有权上的主要风险和报酬并未随之转移。①企业销售的商品在质量、品种、规格等方面不符合合同或协议要求，又未根据正常的保证条款予以弥补，因而仍负有责任。②企业销售商品的收入是否能够取得，取决于购买方是否已将商品

---

① 谭湘. 财务会计 [M]. 广州：中山大学出版社，2017：196.

销售出去。如采用支付手续费方式委托代销商品等。支付手续费方式委托代销商品，是指委托方和受托方签订合同或协议，委托方根据代销商品金额或数量向受托方支付手续费的销售方式。在这种方式下，委托方发出商品时，商品所有权上的主要风险和报酬并未转移给受托方，委托方在发出商品时通常不应确认销售商品收入，通常可在收到受托方开出的代销清单时确认销售商品收入；受托方应在商品销售后，按合同或协议约定的方法计算确定的手续费确认收入。③企业尚未完成售出商品的安装或检验工作，且安装或检验工作是销售合同或协议的重要组成部分。需要说明的是，在需要安装或检验的销售中，如果安装程序比较简单或检验是为了最终确定合同或协议价格而必须进行的程序，企业可以在发出商品时确认收入。④销售合同或协议中规定了买方由于特定原因有权退货的条款，且企业又不能确定退货的可能性。

（2）企业既没有保留通常与所有权相联系的继续管理权，也没有对已售出的商品实施有效控制的认定

通常情况下，企业售出商品后不再保留与商品所有权相联系的继续管理权，也不再对售出商品实施有效控制，商品所有权上的主要风险和报酬已经转移给购货方，通常应在发出商品时确认收入。

（3）收入的金额能够可靠计量的认定

收入的金额能够可靠地计量，是指收入的金额能够合理地估计。如果收入的金额不能够合理地估计，则无法确认收入。通常情况下，企业在销售商品时，商品销售价格已经确定，企业应当按照从购货方已收或应收的合同或协议价款确定收入金额。如果销售商品涉及现金折扣、商业折扣、销售折让等因素，还应当在考虑这些因素后确定销售商品收入金额。如果企业从购货方应收的合同或协议价款延期收取具有融资性质，企业应按应收的合同或协议价款的公允价值确定销售商品收入金额。

有时，由于销售商品过程中某些不确定因素的影响，也有可能存在商品销售价格发生变动的情况，如附有销售退回条件的商品销售。如果企业不能合理估计退货的可能性，就不能够合理地估计收入的金额，不应在发出商品时确认收入，而应当在售出商品退货期满、销售商品收入金额能够可靠计量时确认收入。

企业从购货方已收或应收的合同协议价款不公允的，企业应按公允的交易价格确定收入金额，不公允的价款不应确定为收入金额。

（4）相关的经济利益很可能流入企业的判断

相关的经济利益很可能流入企业，是指销售商品价款收回的可能性大于不能收回的可能性，即销售商品价款收回的可能性超过 50%。企业在确定销售商品价款收回的可能性时，应当结合以前和买方交往的直接经验、政府有关政策、其他方面取得信息等因素综合分析。企业销售的商品符合合同或协议要求，已将发票账单交付买方，买方承诺付款，通常表明满足本确认条件（相关的经济利益很可能流入企业）。如果企业根据以前与买方交往的直接经验判断买方信誉较差，或销售时得知买方在另一项交易中发生了巨额亏损，资金周转十分困难，或在出口商品时不能肯定进口企业所在国政府是否允许将款项汇出等，就可能会出现与销售商品相关的经济利益不能流入企业的情况，不应确认收入。如果企业判断销售商品收入满足确认条件确认了一笔应收债权，以后由于购货方资金周转困难无法收回该债权时，不应调整原确认的收入，而应对该债权计提坏账准备、确认坏账损失。

（5）相关的已发生或将发生的成本能够可靠计量的条件

通常情况下，销售商品相关的已发生或将发生的成本能够合理地估计，如库存商品的成本等。如果库存商品是本企业生产的，其生产成本能够可靠计量；如果是外购的，购买成本能够可靠计量。有时，销售商品相关的已发生或将发生的成本不能够合理地估计，此时企业不应确认收入，已收到的价款应确认为负债。

## 2. 销售商品收入的相关会计处理

（1）一般情况下销售商品收入的会计处理

确认销售商品收入时，企业应按已收或应收的合同或协议价款，加上应收取的增值税税额，借记"银行存款""应收账款""应收票据"等科目，按确定的收入金额，贷记"主营业务收入""其他业务收入"等科目，按应收取的增值税税额，贷记"应交税费——应交增值税（销项税税额）"科目；同时或在资产负债表日，按应交纳的消费税、资源税、城市维护建设税、教育费附加等税费金额，借记"营业税金及附加"科目，贷记"应交税费——应交消费税（或应交资源税、应交城市维护建设税等）"科目。

如果售出商品不符合收入确认条件，则不应确认收入，已经发出的商品，应当通过"发出商品"科目进行核算。

（2）销售商品涉及现金折扣、商业折扣、销售折让的会计处理

企业销售商品有时也会遇到现金折扣、商业折扣、销售折让等问题，应当区分不同情况处理：

现金折扣，是指债权人为鼓励债务人在规定的期限内付款而向债务人提供的债务扣除。企业销售商品涉及现金折扣的，应当按照扣除现金折扣前的金额确定销售商品收入金额。现金折扣在实际发生时计入财务费用。

商业折扣，是指企业为促进商品销售而在商品标价上给予的价格扣除。企业销售商品涉及商业折扣的，应当按照扣除商业折扣后的金额确定销售商品收入金额。

销售折让，是指企业因售出商品的质量不合格等原因而在售价上给予的减让。对于销售折让，企业应区分不同情况处理：①已确认收入的售出商品发生销售折让的，通常应当在发生时冲减当期销售商品收入。②已确认收入的销售折让属于资产负债表日后事项的，应当按照有关资产负债表日后事项的相关规定进行处理。

（3）销售退回的会计处理

销售退回，是指企业售出的商品由于质量、品种不符合要求等原因而发生的退货。对于销售退回，企业应区分不同情况进行会计处理：

第一，对于未确认收入的售出商品发生销售退回的，企业应按已记入"发出商品"科目的商品成本金额，借记"库存商品"科目，贷记"发出商品"科目。

第二，对于已确认收入的售出商品发生退回的，企业应在发生时冲减当期销售商品收入，同时冲减当期销售商品成本。如该项销售退回已发生现金折扣的，应同时调整相关财务费用的金额；如该项销售退回允许扣减增值税税额的，应同时调整"应交税费——应交增值税（销项税税额）"科目的相应金额。

第三，已确认收入的售出商品发生的销售退回属于资产负债表日后事项的，应当按照有关资产负债表日后事项的相关规定进行会计处理。

（4）特殊销售商品业务的会计处理

企业会计实务中，可能遇到一些特殊的销售商品业务。在将销售商品收入和计量原则运用于特殊销售商品收入的会计处理时，应结合这些特殊销售商品交易的形式，并注重交易的实质。

第一，代销商品。代销商品分以下情况处理：

视同买断方式。视同买断方式代销商品，是指委托方和受托方签订合同

或协议，委托方按合同或协议收取代销的货款，实际售价由受托方自定，实际售价与合同或协议价之间的差额归受托方所有。如果委托方和受托方之间的协议明确标明，受托方在取得代销商品后，无论是否能够卖出、是否获利，均与委托方无关，那么，委托方和受托方之间的代销商品交易，与委托方直接销售商品给受托方没有实质区别，在符合销售商品收入确认条件时，委托方应确认相关销售商品收入。如果委托方和受托方之间的协议明确标明，将来受托方没有将商品售出时可以将商品退回给委托方，或受托方因代销商品出现亏损时可以要求委托方补偿，那么，委托方在交付商品时通常不确认收入，受托方也不做购进商品处理，受托方将商品销售后，按实际售价确认销售收入，并向委托方开具代销清单，委托方收到代销清单时，再确认本企业的销售收入。

收取手续费方式。在这种方式下，委托方在发出商品时通常不应确认销售商品收入，而应在收到受托方开出的代销清单时确认销售商品收入；受托方应在商品销售后，按合同或协议约定的方法计算确定的手续费确认收入。

第二，预收款销售商品。预收款销售商品，是指购买方在商品尚未收到前按合同或协议约定分期付款，销售方在收到最后一笔款项时才交货的销售方式。在这种方式下，销售方直到收到最后一笔款项才将商品交付购货方，表明商品所有权上的主要风险和报酬，只有在收到最后一笔款项时才转移给购货方，企业通常应在发出商品时确认收入，在此之前预收的货款应确认为负债。

第三，具有融资性质的分期收款销售商品。企业销售商品，有时会采取分期收款的方式，如分期收款发出商品，即商品已经交付，货款分期收回。如果延期收取的货款具有融资性质，其实质是企业向购货方提供免息的信贷，在符合收入确认条件时，企业应当按照应收的合同或协议价款的公允价值确定收入金额。应收的合同或协议价款的公允价值，通常应当按照其未来现金流量现值或商品现销价格计算确定。

应收的合同或协议价款与其公允价值之间的差额，应当在合同或协议期间内，按照应收款项的摊余成本和实际利率计算确定的金额进行摊销，作为财务费用的抵减处理。其中，实际利率是指具有类似信用等级的企业发行类似工具的现时利率，或者将应收的合同或协议价款折现为商品现销价格时的折现率等。在实务中，基于重要性要求，应收的合同或协议价款与其公允价值之间的差额，按照应收款项的摊余成本和实际利率进行摊销与采用直线法进行摊销结果相差不大的，也可以采用直线法进行摊销。

第四，附有销售退回条件的商品销售。附有销售退回条件的商品销售，是指购买方依照有关协议有权退货的销售方式。在这种销售方式下，企业根据以往经验能够合理估计退货可能性且确认与退货相关负债的，通常应在发出商品时确认收入；企业不能合理估计退货可能性的，通常应在售出商品退货期满时确认收入。

第五，售后回购。售后回购是指销售商品的同时，销售方同意日后再将同样或类似的商品购回的销售方式。在这种方式下，销售方应根据合同或协议条款判断企业是否已将商品所有权上的主要风险和报酬转移给购货方，以确定是否确认销售商品收入。在大多数情况下，回购价格固定或等于原售价加合理回报，售后回购交易属于融资交易，商品所有权上的主要风险和报酬没有转移，收到的款项应确认为负债；回购价格大于原售价的差额，企业应在回购期间按期计提利息，计入财务费用。

第六，售后租回。售后租回是指销售商品的同时，销售方同意在日后再将同样的商品租回的销售方式。在这种方式下，销售方应根据合同或协议条款判断销售商品是否满足收入确认条件。通常情况下，售后租回属于融资交易，企业不应确认收入，售价与资产账面价值之间的差额应当分别不同情况进行处理：①如果售后租回交易认定为融资租赁，售价与资产账面价值之间的差额应当予以递延，并按照该项租赁资产的折旧进度进行分摊，作为折旧费用的调整。②如果售后租回交易认定为经营租赁，应当分别情况处理：①有确凿证据表明售后租回交易是按照公允价值达成的，售价与资产账面价值的差额应当计入当期损益。②售后租回交易如果不是按照公允价值达成的，售价低于公允价值的差额应计入当期损益；但若该损失将由低于市价的未来租赁付款额补偿时，有关损失应予以递延（递延收益），并按与确认租金费用相一致的方法在租赁期内进行分摊；如果售价大于公允价值，其大于公允价值的部分应计入递延收益，并在租赁期内分摊。

第七，以旧换新销售。以旧换新销售是指销售方在销售商品的同时回收与所售商品相同的旧商品。在这种销售方式下，销售的商品应当按照销售商品收入确认条件确认收入，回收的商品作为购进商品处理。

### （二）提供劳务的收入

#### 1. 劳务收入的确认和计量

企业在资产负债表日提供劳务交易的结果能够可靠估计的，应当采用完工百分比法确认提供劳务收入。

提供劳务交易的结果能够可靠估计，必须同时满足下列条件：

（1）收入的金额能够可靠地计量，是指提供劳务收入的总额能够合理地估计。通常情况下，企业应当按照从接受劳务方已收或应收的合同或协议价款确定提供劳务收入总额。随着劳务的不断提供，可能会根据实际情况增加或减少已收或应收的合同或协议价款，此时，企业应及时调整提供劳务收入总额。

（2）相关的经济利益很可能流入企业，是指提供劳务收入总额收回的可能性大于不能收回的可能性。企业在确定提供劳务收入总额能否收回时，应当结合接受劳务方的信誉、以前的经验以及双方就结算方式和期限达成的合同或协议条款等因素，综合进行判断。

企业在确定提供劳务收入总额收回的可能性时，应当定性分析。如果确定提供劳务收入总额收回的可能性大于不能收回的可能性，即可认为提供劳务收入总额很可能流入企业。通常情况下，企业提供的劳务符合合同或协议要求，接受劳务方承诺付款，就表明提供劳务收入总额收回的可能性大于不能收回的可能性。如果企业判断提供劳务收入总额不是很可能流入企业，应当提供确凿证据。

（3）交易的完工进度能够可靠地确定，是指交易的完工进度能够合理地估计。企业确定提供劳务交易的完工进度，可以选用下列方法：第一，已完成工作的测量。这是一种比较专业的测量方法，由专业测量师对已经提供的劳务进行测量，并按一定方法计算确定提供劳务交易的完工程度。第二，已经提供的劳务占应提供劳务总量的比例。这种方法主要以劳务量为标准确定提供劳务交易的完工程度。第三，已经发生的成本占估计总成本的比例。这种方法主要以成本为标准确定提供劳务交易的完工程度。只有反映已提供劳务的成本才能包括在已经发生的成本中，只有反映已提供或将提供劳务的成本才能包括在估计总成本中。在实务中，如果特定时期内提供劳务交易的数量不能确定，则该期间的收入应当采用直线法确认，除非有证据表明采用其他方法能更好地反映完工进度。当某项作业相比其他作业都重要得多时，应当在该重要作业完成之后确认收入。

（4）交易中已发生和将发生的成本能够可靠地计量，是指交易中已经发生和将要发生的成本能够合理地估计。企业应当建立完善的内部成本核算制度和有效的内部财务预算及报告制度，准确地提供每期发生的成本，并对完成剩余劳务将要发生的成本作出科学、合理的估计。同时应随着劳务的不断提供或外部情况的不断变化，随时对将要发生的成本进行修订。

### 2. 提供劳务不能可靠估计的会计处理

企业在资产负债表日提供劳务交易结果不能够可靠估计的，即不能同时满足上述四个条件时，企业不能采用完工百分比法确认提供劳务收入。此时，企业应正确预计已经发生的劳务成本能够得到补偿和不能得到补偿，分别进行会计处理：一是已经发生的劳务成本预计能够得到补偿的，应按已收或预计能够收回的金额确认提供劳务收入，并结转已经发生的劳务成本。二是已经发生的劳务成本预计全部不能得到补偿的，应将已经发生的劳务成本计入当期损益，不确认提供劳务收入。

### 3. 混合销售收入的会计处理

企业与其他企业签订的合同或协议，有时既包括销售商品又包括提供劳务，如销售电梯的同时负责安装工作、销售软件后继续提供技术支持、设计产品同时负责生产等。此时，如果销售商品部分和提供劳务部分能够区分且能够单独计量的，企业应当分别核算销售商品部分和提供劳务部分，将销售商品的部分作为销售商品处理，将提供劳务的部分作为提供劳务处理；如果销售商品部分和提供劳务部分不能够区分，或虽能区分但不能够单独计量的，企业应当将销售商品部分和提供劳务部分全部作为销售商品部分进行会计处理。

### 4. 其他特殊劳务收入的确认

下列提供劳务满足收入确认条件的，应按规定确认收入：

（1）安装费，在资产负债表日根据安装的完工进度确认为收入。安装工作是商品销售附带条件的，安装费通常应在确认商品销售实现时确认为收入。

（2）宣传媒介的收费，在相关的广告或商业行为开始出现于公众面前时确认为收入。广告的制作费，通常应在资产负债表日根据广告的完工进度确认为收入。

（3）为特定客户开发软件的收费，在资产负债表日根据开发的完工进度确认为收入。

（4）包括在商品售价内可区分的服务费，在提供服务的期间内分期确认为收入。

（5）艺术表演、招待宴会和其他特殊活动的收费，在相关活动发生时确认为收入。收费涉及几项活动的，预收的款项应合理分配给每项活动，分别确认为收入。

（6）申请入会费和会员费只允许取得会籍，所有其他服务或商品都要另行收费的，通常应在款项收回不存在重大不确定性时确认为收入。申请入会费和会员费能使会员在会员期内得到各种服务或出版物，或者以低于非会员的价格销售商品或提供服务的，通常应在整个受益期内分期确认为收入。

（7）属于提供设备和其他有形资产的特许权费，通常应在交付资产或转移资产所有权时确认为收入；属于提供初始及后续服务的特许权费，通常应在提供服务时确认为收入。

（8）长期为客户提供重复劳务收取的劳务费，通常应在相关劳务活动发生时确认为收入。

## （三）资产使用权产生的收入

### 1. 利息的收入

企业应在资产负债表日，按照他人使用本企业货币资金的时间和实际利率计算确定利息收入金额。按计算确定的利息收入金额，借记"应收利息""银行存款"等科目，贷记"利息收入""其他业务收入"等科目。

### 2. 使用费的收入

使用费收入应当按照有关合同或协议约定的收费时间和方法计算确定。不同的使用费收入，收费时间和方法各不相同。有一次性收取一笔固定金额的，如一次收取10年的场地使用费；有在合同或协议规定的有效期内分期等额收取的，如合同或协议规定在使用期内每期收取一笔固定的金额；也有分期不等额收取的，如合同或协议规定按资产使用方每期销售额的百分比收取使用费等。

如果合同或协议规定一次性收取使用费，且不提供后续服务的，应当视同销售该项资产一次性确认收入；提供后续服务的，应在合同或协议规定的有效期内分期确认收入。如果合同或协议规定分期收取使用费的，通常应按合同或协议规定的收款时间和金额或规定的收费方法计算确定的金额分期确认收入。

## 二、费用的核算

### （一）营业成本的内容和核算

**1. 营业成本包含的内容**

（1）主营业务成本。主营业务成本是指企业销售商品、提供劳务等经常性活动所发生的成本。企业一般在确认销售商品、提供劳务等主营业务收入时，或在月末，将已销售商品、已提供劳务的成本转入主营业务成本。[①]

（2）其他业务成本。其他业务成本是指企业确认的除主营业务活动以外的其他经营活动所发生的支出。其他业务成本包括销售材料的成本、出租固定资产的折旧额、出租无形资产的摊销额、出租包装物的成本或摊销额等。采用成本模式计量的投资性房地产，其投资性房地产计提的折旧额或摊销额也构成其他业务成本。

**2. 营业成本的账户设置和核算**

（1）营业成本的账户设置

一是"主营业务成本"账户。为了核算企业销售商品、提供劳务等经常性活动所发生的成本，企业应当设置"主营业务成本"账户。该账户属于损益类账户，借方核算因销售商品、提供劳务等经常性活动所发生的成本的增加，贷方核算期末转入"本年利润"账户的金额，结转后该账户无余额。

二是"其他业务成本"账户。为了核算企业确认的除主营业务活动以外的其他经营活动所发生的支出，企业应当设置"其他业务成本"账户。该账户属于损益类账户，借方核算因销售材料的成本、出租固定资产的折旧额、出租无形资产的摊销额、出租包装物的成本或摊销额等的增加，贷方核算期末转入"本年利润"账户的金额，结转后该账户无余额。

（2）主营业务成本的核算

企业一般在确认销售商品、提供劳务等主营业务收入时，或在月末，将

---

① 吴育湘，杜敏. 财务会计 [M]. 镇江：江苏大学出版社，2018：258.

已销售商品、已提供劳务的成本转入主营业务成本，借记"主营业务成本"账户，贷记"库存商品"或"银行存款"等账户。

（3）其他业务成本的核算

企业发生的其他业务成本，借记"其他业务成本"账户，贷记"原材料""周转材料""累计折旧""累计摊销""应付职工薪酬""银行存款"等账户。

## （二）期间费用的内容和核算

期间费用是指企业日常活动发生的不能计入特定核算对象的成本，而应计入发生当期损益的费用。期间费用是企业日常活动中所发生的经济利益的流出，之所以不计入特定的成本核算对象，主要是因为期间费用是企业为组织和管理整个经营活动所发生的费用，与可以确定特定成本核算对象的材料采购、产成品生产等没有直接关系，因而期间费用不计入有关核算对象的成本，而是直接计入当期损益。

### 1. 期间费用包含的内容

（1）管理费用

管理费用是指企业为组织和管理生产经营发生的各种费用，包括企业在筹建期间内发生的开办费、董事会和行政管理部门在企业的经营管理中发生的及应由企业统一负担的公司经费（包括行政管理部门职工工资及福利费、物料消耗、低值易耗品摊销、办公费和差旅费等）、行政管理部门负担的工会经费、董事会费（包括董事会成员津贴、会议费和差旅费等）、聘请中介机构费、咨询费（含顾问费）、诉讼费、业务招待费、技术转让费、矿产资源补偿费、研究费用、排污费等。企业生产车间（部门）和行政管理部门发生的固定资产修理费用等后续支出，也作为管理费用核算。

（2）销售费用

销售费用是指企业销售商品和材料、提供劳务的过程中发生的各种费用，包括保险费、包装费、展览费和广告费、商品维修费、预计产品质量保证损失、运输费、装卸费等，以及为销售本企业商品而专设的销售机构（含销售网点、售后服务网点等）的职工薪酬、业务费、折旧费等经营费用。企业发生的与专设销售机构相关的固定资产修理费用等后续支出也属于销售费用。销售费用是与企业销售商品活动有关的费用，但不包括销售商品本身的成本和劳务成本，销售商品的成本属于"主营业务成本"，提供劳务的成本属于"劳务成本"。

（3）财务费用

财务费用是指企业为筹集生产经营所需资金等而发生的筹资费用，包括利息支出（减利息收入）、汇兑损益，以及相关的手续费、企业发生的现金折扣等。

根据《财税（2016）36 号文》第一条规定，在中华人民共和国境内（以下称境内）销售服务、无形资产或者不动产（以下称应税行为）的单位和个人，为增值税纳税人，应当按照本办法缴纳增值税。同时根据《增值税暂行条例》第一条规定，在中华人民共和国境内销售货物或者提供加工、修理修配劳务及进口货物的单位和个人，为增值税的纳税人，应当依照本条例缴纳增值税。对于计入上述相关项目的费用，符合相应规定的，其取得的增值税专用发票进项税额可以抵扣。

### 2. 期间费用的账户设置和核算

（1）期间费用的账户设置

一是"管理费用"账户。为了核算管理费用的发生和结转情况，企业应当设置"管理费用"账户。该账户属于损益类账户，借方核算企业发生的各项管理费用，贷方核算期末转入"本年利润"账户的管理费用，结转后该账户应无余额。该账户可按管理费用的费用项目进行明细核算。商品流通企业管理费用不多的，可不设本账户，相关核算内容可并入"销售费用"账户核算。

二是"销售费用"账户。为了核算销售费用的发生和结转情况，企业应当设置"销售费用"账户。该账户属于损益类账户，借方核算企业发生的各项销售费用，贷方核算期末转入"本年利润"账户的销售费用，结转后该账户应无余额。该账户可按销售费用的费用项目进行明细核算。

三是"财务费用"账户。为了核算财务费用的发生和结转情况，企业应当设置"财务费用"账户。该账户属于损益类账户，借方核算企业发生的各项财务费用，贷方核算期末转入"本年利润"账户的财务费用，结转后该账户应无余额。该账户可按财务费用的费用项目进行明细核算。

（2）管理费用的核算

企业发生的各项管理费用，应借记"管理费用""应交税费——应交增值税（进项税额）"等账户，贷记"银行存款""应付职工薪酬""累计折旧"等相关账户。

（3）销售费用的核算

企业发生的各项销售费用，应借记"销售费用""应交税费——应交增值税（进项税额）"等账户，贷记"银行存款""应付职工薪酬""累计折旧"等相关账户。

（4）财务费用的核算

企业发生的各项财务费用，应借记"财务费用""应交税费——应交增值税（进项税额）"账户，贷记"银行存款""应付利息"等相关账户。

### （三）所得税费用的内容和核算

所得税费用是指在会计税前利润中扣除的所得税费用，包括当期所得税费用和递延所得税费用（或收益）。

#### 1. 会计利润与应纳税所得额的差异

会计与税法之间的差异包括永久性差异和暂时性差异两种。

（1）永久性差异

永久性差异是指某一会计期间由于会计与税法计算口径不同产生的利润与所得之间的差异。这种差异在本期发生，不会在以后期间转回，对将来纳税无影响，不会形成递延所得税。

永久性差异的特征是计算时期相同，计算口径不同。这一特征是指会计上与税务上计算利润总额与计算纳税所得的时期是一致的，但在计算利润总额与计算纳税所得时的口径却是不相同的。例如，会计上计算 2021 年的利润总额，税务上确认 2021 年的纳税所得时，对于 2021 年企业发生的一项与税收有关的滞纳金和罚款是否应计入利润总额与纳税所得存在分歧。会计上计算利润总额时将其进行扣除，而税法明确规定计算纳税所得时不允许扣除，此时就产生了一项会计已扣，而税法不允许扣的永久性差异。

永久性差异的类型有永久性差异的减项和永久性差异的加项。

永久性差异的减项，又称利润总额的备抵调整项目。会计上已将其作为收入，收益计入利润总额，而税法规定不计入纳税所得的，企业在计算本年度应纳税所得额时，应将其作为利润总额的备抵调整项目，从本年实现的利润总额中予以扣除。常见的永久性差异减项主要有国库券利息收入、成本法下的股利收入、技术转让收入、可加计扣除的成本费用等。

永久性差异的加项，又称利润总额的附加调整项目。凡是会计上不作为收入、收益处理，而税法规定应交所得税的，或会计上已将其作为税前费用、损失扣除，而税法规定不能在税前列支的，或虽然可以按标准、按规定在税前扣除，但对于超标、超规部分，在计算应纳税所得额时，都应作为利润总额的附加调整项目予以考虑。

对于永久性差异，会计上不设置账户进行核算，只是在申报所得税时将其在利润总额的基础上予以调整。

（2）暂时性差异

暂时性差异是指账面价值与其计税基础之间的差额，这种差异在本期发生，对将来纳税有影响，形成递延所得税。

暂时性差异核算特征是计算口径相同，计算时期不同。这一特征是指对一项收入与费用，会计上计算利润总额与税法上计算纳税所得的计算口径是相同的，但计入利润总额与计入纳税所得的时间却有所不同。例如，企业有一项应收账款 10 万元，当期计提坏账准备 1 万元，计提当期会计减少利润，税法不减少纳税所得，实际发生损失当期，企业不减少利润，但税法上要减少纳税所得。这就使得企业与税法在计提当期和实际发生当期都存在一种差异，但从其最终结果看，企业计算利润总额与税务计算应纳税所得额都扣除了 1 万元的坏账损失，所不同的是会计扣在计提当期，而税法扣在实际发生当期。

暂时性差异的类型有可抵扣暂时性差异和应纳税暂时性差异。可抵扣暂时性差异有超标准的职工教育经费、与资产相关的政府补助、公允价值变动净损失、企业计提的各项资产减值损失、企业计提的质量保证金等。应纳税暂时性差异主要有公允价值变动增值。

### 2. 所得税费用的账户设置和核算

为了核算企业确认的应从当期利润总额中扣除的所得税费，应设置"所得税费用"账户。该账户属于损益类账户，其借方反映企业当期所得税费用和递延所得税费用的增加额，贷方反映转入本年利润的所得税费用，结转后该账户无余额。该账户可按"当期所得税费用""递延所得税费用"设置明细账进行明细核算。

（1）递延所得税资产和递延所得税负债的核算

第一，递延所得税资产的核算。递延所得税资产是指对于可抵扣暂时性差异，以未来期间很可能取得用来抵扣可抵扣暂时性差异的应纳税所得额为限确认的一项资产。其计算公式为：

递延所得税资产＝可抵扣暂时性差异 × 企业所得税税率

为了核算递延所得税资产，企业应当设置"递延所得税资产"账户。该账户属于资产类账户，其借方核算确认的递延所得税资产，贷方反映确认递延所得税资产的可抵扣暂时性差异发生转回的递延所得税资产，余额反映尚未转回的递延所得税资产。该账户可按照可抵扣暂时性差异等项目进行明细核算。

递延所得税资产属于预付的税款，在未来可以抵扣应纳税额，当期确认的递延所得税资产金额应确认为递延所得税收益，应冲减所得税费用。

第二，递延所得税负债的核算。递延所得税负债是由应纳税暂时性差异产生的，对于影响利润的暂时性差异，确认的递延所得税负债应该调整"所得税费用"。其计算公式为：

递延所得税负债＝应纳税暂时性差异 × 企业所得税税率

为了核算递延所得税负债，企业应当设置"递延所得税负债"账户。该账户属负债类账户，其贷方反映的递延所得税负债，借方反映确认递延所得税负债的应纳税暂时性差异发生回转的递延所得税负债，期末余额反映尚未转回的递延所得税负债。该账户可按照应纳税暂时性差异项目进行明细核算。

递延所得税负债属于将来应付的税款，在未来期间转为应纳税款，当期确认的递延所得税负债金额应增加所得税费用。

（2）当期所得税费用的核算

第一，应纳税所得额的确定。应纳税所得额是企业所得税的计税依据，按照企业所得税法的规定，应纳税所得额为企业每一个纳税年度的收入总额，减除不征税收入、免税收入、各项扣除及允许弥补的以前年度亏损后的余额。应纳税所得额有直接计算法和间接计算法两种计算方法。其计算公式分别为：

应纳税所得额＝收入总额－不征税收入－免税收入－各项扣除金额－弥补亏损

应纳税所得额＝会计利润总额 ± 纳税调整项目金额

第二，当期所得税费用的确定。

当期所得税是指企业按照税法规定计算确定的针对当期发生的交易和事项，应缴纳给税务部门的所得税金额，即应交所得税，应以适用的税收法规为基础计算确定。

企业在确定当期所得税时，对于当期发生的交易或事项，会计处理与税收处理不同的，应在会计利润的基础上，按照适用税收法规的要求调整，计算出当期应纳税所得额，按照应纳税所得额与适用所得税税率计算确定当期应交所得税。

企业在计算确定当期所得税（即当期应交所得税）及递延所得税费用（或收益）的基础上，应将两者之和确认为利润表中的所得税费用（或收益），但不包括直接计入所有者权益的交易或事项的所得税影响。即：

所得税费用（或收益）＝当期所得税＋递延所得税费用（－递延所得税收益）

（3）所得税费用的核算

在资产负债表日，企业需依据税法规定，精确计算并确定当期应缴纳的所得税额。对于这一金额，企业应借记"当期所得税费用"账户，并相应地贷记"应交税费——应交所得税"账户，以准确反映企业的税务负债。

同时，在资产负债表日，企业还需对递延所得税资产进行核算。当递延所得税资产的应有余额（即根据税法与会计准则确定的金额）大于其账面余额时，企业应借记"递延所得税资产"账户，以增加其账面价值；并贷记"递延所得税费用"账户或"资本公积——其他资本公积"账户（具体取决于差额的性质和企业的会计政策），以调整所得税费用的确认。

相反，如果递延所得税资产的应有余额小于其账面余额，企业则应作出相反的会计分录：贷记"递延所得税资产"账户，以减少其账面价值；并借记相关账户，如减少"递延所得税费用"或增加"所得税费用"等，以确保会计信息的准确性和一致性。

对于递延所得税负债的处理，企业应遵循与递延所得税资产相似的原则。即根据递延所得税负债的应有余额与账面余额的差额，进行相应的会计分录调整，以确保"递延所得税负债"账户及相关账户的准确性。

## 三、利润的核算

### （一）本年利润的内容和核算

为了核算企业当期实现的净利润（或发生的净亏损），企业应设置"本年利润"账户。会计期末，企业应将各损益类账户的余额转入"本年利润"账户，将收入收益类账户的余额转入"本年利润"账户的贷方，将成本费用类账户的余额转入"本年利润"账户的借方。期末结转后，"本年利润"账户如为贷方余额，为当期实现的净利润；如为借方余额，为当期发生的净亏损。

年度终了，企业应将本年实现的净利润，转入"利润分配"账户的贷方；如为净亏损，转入"利润分配"账户的借方。结转后"本年利润"账户应无余额。

### （二）利润分配的内容和核算

利润分配是指企业税后净利润的分配，是企业利润总额（税前会计利润）减去所得税费用后的净额分配。

#### 1. 利润分配的内容

企业本年实现的净利润加上年初未分配利润（或减去年初未弥补亏损）和其他转入后的余额，作为可供分配的利润，企业利润分配的程序和核算内容如下：

（1）提取法定盈余公积

法定盈余公积按照税后净利润（减弥补亏损）的10%提取，当企业的法定盈余公积达到注册资本的50%时，可不再提取。

（2）向投资者分配利润或股利

可供投资者分配的利润按下列顺序分配：①应付优先股股利。②提取任意盈余公积。③应付普通股股利。④转作股本的股利。

企业当年可供分配的利润按规定顺序分配后，作为留待以后年度进行分配的未分配利润。

#### 2. 利润分配的科目设置和核算

（1）"利润分配"科目设置

企业设置"利润分配"科目，核算利润的分配（或亏损的弥补）和历年分配（或弥补）后的余额。本科目应当分别"提取法定盈余公积""提取任意盈余公积""应付现金股利或利润""转作股本的股利""盈余公积补亏"和"未分配利润"等进行明细核算。"利润分配"科目年末余额，反映企业的未分配利润（或未弥补亏损）。

（2）利润分配的会计处理

企业按规定提取的盈余公积，借记"利润分配——提取法定盈余公积/提取任意盈余公积"科目，贷记"盈余公积——法定盈余公积/任意盈余公积"科目。

经股东大会或类似机构决议，分配给股东或投资者的现金股利或利润，借记"利润分配——应付现金股利或利润"科目，贷记"应付股利"科目。

用盈余公积弥补亏损,借记"盈余公积——法定盈余公积或任意盈余公积"科目,贷记"利润分配——盈余公积补亏"科目。

年度终了,企业应将本年实现的净利润,自"本年利润"科目转入"利润分配——未分配利润"科目,贷记"本年利润"科目,为净亏损做相反的分录;同时,将"利润分配"所属其他明细科目的余额,转入"利润分配——未分配利润"科目,结转后,"利润分配"科目除"未分配利润"明细科目外,其他明细科目应无余额。

# 第三节　负债与所有者权益的核算

## 一、负债的核算

### （一）流动负债的内容和核算

#### 1. 流动负债的确认和计量

（1）流动负债的确认

一般说,流动负债主要包括短期银行借款和购买商品应付的账款、应付职工的工资等,以及非流动负债中将在一年内到期的部分。企业确认一项流动负债,并在资产负债表上反映其未来应付金额,通常就是在这些负债相关的业务或经营活动发生时,与相关项目一同确认。但对于有些流动负债,其未来发生与否具有不确定性,即将来有可能需要偿还,有可能不需要偿还。例如,商业汇票贴现业务,如果将来债务人按照约定的条件和日期正常偿付债务,则贴现人就无须承担这笔债务;如果将来债务人没有按照约定的条件和日期正常偿付债务,则贴现人就需要承担这笔债务,即商业汇票贴现业务是属于流动负债性质的或有负债。

由于可能导致损失的或有事项可能发生,也可能不发生。因此,对或有流动负债一般不确认为一项负债。但对很有可能发生并且金额比较确定或能够合理估计的或有负债,应当预计并确认为一项负债(即对满足一定条件的或有负债要作为预计负债处理)。例如,对于产品保修业务可能产生的损失,在金额确定或可估计的情况下,可将预计的损失确认为一项流动负债。

（2）流动负债的计量

由于负债是企业已经存在的、需要在未来偿付的经济义务，理论上讲，为了提高会计信息的有用性和相关性，对所有负债的计量都应当考虑货币的时间价值，即不论其偿付期长短，均应在其发生时按未来偿付金额的现值入账。但在会计实务中，考虑到流动负债偿还期短，到期值与其现值相差很小，故对已经确定的流动负债，一般均按确定的未来需要偿付的金额（或面值）来计量，并列示于资产负债表上。这种做法虽然高估了负债，但一是体现了谨慎原则；二是核算简单，符合成本与效益原则；三是符合重要性原则。

流动负债可用现金偿付，如以现金支付购货款；也可用非货币资产偿付，如预收账款在未来不是以支付现金而是以提供一定数量和质量的非货币资产或提供劳务清偿；或以再负债形式偿付，如借新债还旧债等。

### 2. 常见流动负债的核算

为了便于控制与核算，在实际工作中，大多将流动负债按照债权人的不同分类管理，即大致分为对贷款人、对供应商、对客户、对职工、对税务部门、对所有者的负债。

（1）对贷款人的负债

企业流动负债中对贷款人的负债主要有短期借款和应付利息。

第一，短期借款。短期借款是指企业向银行或其他金融机构借入的期限在一年以下的各种借款。这部分借款一般是企业为维持正常生产经营所需资金而借入的或为抵偿某项债务而借入的款项。短期借款的债权人一般称该款项为"流动资金借款"。

企业借入的短期借款，无论用于哪个方面，只要借入这项资金，就构成一项负债。归还借款时，除了归还借入的本金外，还应支付相应的利息。

为了核算短期借款业务，企业应当设置"短期借款"账户。该账户属于负债类账户，专门用来核算企业借入期限在一年或一个经营周期以下的各种借款。该账户贷方登记借入的各种短期借款额，借方登记归还的借款额，期末余额在贷方，表示尚未归还的短期借款。

第二，应付利息。应付利息是指企业按照合同约定应支付的利息，包括短期借款利息和分期付息到期还本的长期借款利息等。

短期借款利息属于企业的筹资成本，应该计入"财务费用"账户，最终转入当期损益。在实际工作中，如果短期借款的利息是按季、按半年支付，或者利息是在借款到期时连同本金一起归还且数额较大，为了正确计算各期的盈亏，通常采用预先提取的办法进行会计处理，即设置"应付利息"账户，通过这个账户记录企业已经发生但是尚未支付的利息费用。在预提各期的借款利息时，借记"财务费用"账户，贷记"应付利息"账户；实际支付时，按已经预提的利息金额借记"应付利息"账户，按实际支付的利息金额贷记"银行存款"账户，按实际支付的利息金额与预提数的差额（尚未提取的部分）借记"财务费用"账户。

（2）对供应商的负债

企业的供应商是指向企业提供商品或劳务的组织，包括各类企业、事业单位。企业对供应商的负债主要有应付票据和应付账款。

第一，应付票据。应付票据指的是商业汇票。商业汇票是企业在商品购销活动中和对工程价款进行结算时因采用商业汇票结算方式而发生的，由出票人出票，委托付款人在指定日期无条件支付确定的金额给收款人或持票人的票据。

按签发人和承兑人不同，应付票据分为商业承兑汇票和银行承兑汇票两类。商业承兑汇票是指按交易双方约定，由销货企业或购货企业签发，由购货企业承兑的商业汇票。银行承兑汇票是指由在承兑银行开立存款账户的存款人签发，向开户银行申请并经银行审查同意承兑的，保证在指定日期无条件支付确定的金额给收款人或持票人的商业汇票。

按是否计算利息，应付票据分为不带息应付票据和带息应付票据两类。企业应设置"应付票据"科目核算企业购买材料、商品和接受劳务供应等开出、承兑的商业汇票。该科目属于负债类科目，借记该科目表示已承兑并支付的应付票据，贷记该科目表示由本企业或由本企业开户银行承兑的商业汇票的面值，以及带息票据每期的利息费用，期末贷方余额表示企业持有的尚未到期的票据本息。

不带息应付票据，其面值就是票据到期时的应付金额，而无须计算利息。企业以商业汇票支付款项时，应借记"原材料""库存商品"等科目，贷记"应付票据"科目；汇票到期承兑后，应借记"应付票据"科目，贷记"银行存款"等科目。

带息应付票据，票据到期时的应付金额为票据面值与应计利息的总和。在期末，对尚未支付的应付票据计提利息，计入当期财务费用，借记"财务费用"科目，贷记"应付票据"科目。票据到期支付票款时，计提的部分利息与票据面值通过"应付票据"科目的借方转出，尚未计提的利息部分直接计入当期财务费用。

带息票据的利息＝（票据面值 × 票面利率 ／ 12）× 票据期限

如果开出并承兑的商业承兑汇票不能如期支付的，应在票据到期时，将"应付票据"账面价值转入"应付账款"科目。企业如果无法支付到期银行承兑汇票，接到银行转来的相关凭证时，应将"应付票据"账面价值转入"短期借款"科目。

第二，应付账款。应付账款是指因购买材料、商品或接受劳务供应等业务而发生的债务。这是买卖双方在购销活动中由于取得物资、使用劳务与支付账款在时间上不一致而产生的负债。它是商业信用的主要形式，企业可以充分利用这种商业信用来缓解本企业的资金压力。

应付账款作为一项流动负债，理论上应以到期应付金额的现值入账，但由于其发生日与偿付期的时间间隔一般较短，实务中通常按应付金额入账。

为了及时而准确地记录和报告因购买材料、商品或接受劳务供应等而发生的债务及其偿还情况等方面的信息，企业应设置"应付账款"科目，贷方登记企业因购买材料、商品或接受劳务等应付款项；借方登记偿还或已转销的应付账款、已转作商业汇票结算的应付账款；期末贷方余额反映尚未偿还的应付账款。该科目按照债权人设置明细科目。

应付账款发生的处理如下：

企业应付账款的发生，应根据不同情形给予不同的处理：采购的材料已入库，但货款尚未支付，则根据收料凭证、发票账单所记载的实际价款入账，按实际应付金额借记"原材料"和"应交税费——应交增值税（进项税额）"等科目，贷记"应付账款"科目。

采购的材料已入库，但月末发票账单等结算凭证未到，货款尚未支付，应按所购材料的暂估价借记"原材料"科目，贷记"应付账款——暂估应付账款"科目，下月初做相反会计分录予以冲回，待发票账单到达后再付款。

应付账款偿还及转销的处理如下：

偿还应付账款时，如果是以现金和银行存款偿还，按实际支付金额借记"应付账款"科目，贷记"银行存款"等科目。开出商业承兑汇票抵付应付账款时，应按票面金额借记"应付账款"科目，贷记"应付票据"科目。

由于债权单位撤销或其他原因企业无法支付的应付账款，应按其账面余额，借记"应付账款"科目，贷记"营业外收入"科目。

（3）对客户的负债

企业对客户的负债，主要是预收账款，即预收客户的定金或货款。

预收账款是指企业按照合同规定向购货单位预收的款项。预收账款与应付账款不同，预收账款不是以货币偿还的债务，而是企业后期用商品或劳务等偿付。因此，预收账款也属于企业的一项结算性负债。

为核算企业按合同规定向购货方预收货款的收取和结算等情况，应设置和运用"预收账款"账户。贷方登记发生的预收账款的数额和购货单位补付账款的数额；借方登记企业向购货方发货后冲销的预收账款数额和退回购货方多收账款的数额；期末余额一般在贷方，反映企业向购货方预收款项但尚未向购货方发出货物的数额；期末如为借方余额，反映企业尚未转销的款项。应按购货单位进行明细核算。对于预收账款情况不多的企业，也可不设置"预收账款"账户，可将预收的款项直接记入"应收账款"账户的贷方；销售产品时，记入"应收账款"的借方。

企业向购货单位预收的款项，借记"银行存款"等账户，贷记"预收账款"账户；销售实现时，按实现的收入和应交的增值税销项税额，借记"预收账款"账户，按实现的营业收入，贷记"主营业务收入"账户，按专用发票上注明的增值税额，贷记"应交税费——应交增值税（销项税额）"等账户。

购货单位补付的款项，借记"银行存款"等账户，贷记"预收账款"账户；退回多付的款项，作相反的会计分录。

（4）对职工的负债

应付职工薪酬是指企业根据有关规定应付给职工的各种薪酬，包括职工工资、奖金、津贴和补贴，职工福利费，医疗、养老、失业、工伤、生育等社会保险费，住房公积金，工会经费，职工教育经费，非货币性福利等因职工提供服务而产生的义务。

第一，应付职工工资。为了反映企业与职工的工资结算情况，应在"应付职工薪酬"科目下设置"工资"明细科目。

"应付职工薪酬——工资"科目，主要用于核算企业应当支付给职工的工资、奖金、津贴和补贴。其借方反映本期实际支付的工资额和从应付工资中代扣的各种款项，贷方反映本期应分配的工资额，本科目期末一般应无余额。如果本月实发工资是按上月考勤记录计算的，实发工资与按本月考勤记录计算的应付工资的差额，即为本科目的期末余额。如果公司实发工资与应付工资相差不大的，也可以按本月实发工资作为应付工资进行分配，这样本科目期末即无余额。如果不是由于上述原因引起的应付工资大于实发工资的，期末贷方余额反映为工资结余。

工资结算时，企业按照有关规定向职工支付工资、奖金、津贴等，借记本科目，贷记"银行存款""库存现金"科目。企业从应付职工薪酬中扣还的各种款项（代垫的水电费、个人所得税等），借记本科目，贷记"其他应付款""应交税费——应交个人所得税"等科目。

企业应当根据职工提供服务的受益对象，对发生的职工薪酬分别以下情况进行处理：生产部门人员的职工薪酬，借记"生产成本""制造费用"等科目，贷记本科目；管理部门人员的职工薪酬，借记"管理费用"科目，贷记本科目；销售人员的职工薪酬，借记"销售费用"科目，贷记本科目；应由在建工程、研发支出负担的职工薪酬，借记"在建工程""研发支出"科目，贷记本科目。

第二，应付福利费。为了反映和监督应付福利费的提取和使用情况，应设置"应付职工薪酬——职工福利"科目。贷方登记福利费的提取额，借方登记福利费的支付额，贷方余额表示福利费的结余。企业提取的职工福利费，应按工资总额的一定比例，根据职工提供服务的受益对象计算确认为应付职工福利的负债，并计入相关资产成本或确认为当期费用，企业为职工缴纳的本医疗保险和补充医疗保险费用冲减企业职工福利费负债的余额。企业计提福利费时，借记"生产成本""制造费用""管理费用""销售费用"等科目，贷记本科目；企业向职工支职工福利费，借记"应付职工薪酬——职工福利"，贷记"银行存款""库存现金"等科目。

第三，应付社会保险费和住房公积金。企业按照国家有关规定缴纳社会保险费和住房公积金时，借记"应付职工薪酬——社会保险费""应付职工薪酬——住房公积金"等科目，贷记"银行存款"科目。

企业为职工缴纳的"五险一金"，应当按照职工所在岗位分配，分别借记"生产成本""制造费用""管理费用""销售费用"等科目，贷记"应付职工薪酬——社会保险费""应付职工薪酬——住房公积金"等科目。

（5）对税务部门的负债

企业应按照法律规定向国家缴纳各种税费。在企业发生纳税义务时，应该按照权责发生制要求，将有关税费计入费用。这些税费在尚未缴纳之前暂时留在企业，就等同于借用了政府一笔无息资金，从而形成企业对税收征管部门的负债。

企业应依法缴纳的各种税费主要包括：增值税、消费税、营业税、资源税、土地增值税、城市维护建设税、教育费附加、房产税、土地使用税、所得税等。为了反映各种税费的计算和缴纳情况，企业应设置"应交税费"账户，并在该账户下设置有关明细账户进行核算。该账户的贷方登记应缴纳的各种税费，借方登记已缴纳或应抵扣的各种税费，期末贷方余额为欠缴税费。但应指出，并不是所有的税费都通过"应交税费"账户核算，例如印花税的确认和缴纳发生在同一时点，其缴纳的同时计入费用，核算中也就没必要再运用"应交税费"账户。下面介绍几种主要流转税费的计算及会计处理。

第一，应交增值税的计算与会计处理。

增值税是就货物或应税劳务的增值部分进行征税的一种流转税。按照《中华人民共和国增值税暂行条例》规定："在中华人民共和国境内销售货物或者提供加工、修理修配劳务以及进口货物的单位和个人，为增值税的纳税义务人（以下简称纳税人），应当依照本条例缴纳增值税。"增值税的纳税人可分为一般纳税企业和小规模纳税企业两类。这两类企业在增值税的计算与交税、会计账户的设置以及会计处理等方面都有较大的差异。

一般纳税企业应纳增值税的基本计税方法是：以企业当期销项税额抵扣当期进项税额后的余额，即为企业当期应纳的增值税。销项税额是指企业因销售货物或提供应税劳务，向购买方或接受劳务方收取的增值税；进项税额是指企业因购买货物或接受应税劳务，而向销售方或提供劳务方支付的增值税。一般纳税企业应纳的增值税，在"应交税费"账户下设置"应交增值税"明细账户进行核算，并应分别设置"进项税额""已交税金""销项税额""出口退税""进项税额转出"等专栏。

小规模纳税企业的增值税采用简化征收办法，当期的销售额（不含增值税）乘以征收率即为当期的应纳税额。小规模纳税企业购入货物无论是否取得增值税专用发票，其支付的增值税额均应计入购入货物的成本。相应地，其他企业从小规模纳税企业购入货物或接受劳务支付的增值税额，如果不能取得增值税专用发票，也不能作为进项税额抵扣，而应计入购买货物或应税劳务的成本。

小规模纳税企业只需在"应交税费"账户下设置"应交增值税"明细账户，不需要在"应交增值税"明细账户中设置专栏。"应交税费——应交增值税"账户贷方登记应缴纳的增值税，借方登记已缴纳的增值税，期末贷方余额为尚未缴纳的增值税。

第二，应交消费税的计算与会计处理。

消费税是对在我国境内从事生产、委托加工和进口应税消费品的单位和个人征收的一种税。它是在生产和进口环节征收，进入流通领域不再缴纳的税收（金银首饰除外）。因此，消费税一般是由生产及进口企业交纳。

消费税是在普遍征收增值税的基础上，对过度消费对人类健康、社会秩序、生态环境等造成伤害的特殊消费品烟、酒、化妆品、汽油等 14 个税目加征消费税，主要是为了调节消费结构，引导正确的消费方向，保证国家财政收入。

消费税按不同应税消费品分别采用从价定率、从量定额计算。

从价定率，是指按应税消费品销售额的一定比例计算征收消费税。其计算公式为：

应纳税额 = 销售额 × 适用税率

其中，"销售额"是纳税人销售应税消费品向购买方收取的全部价款和价外费用，但不包括从购买方收取的增值税款。

从量定额是指按应税消费品的销售数量和单位销售量的应纳消费税额计算征收消费税。其计算公式为：

应纳税额 = 销售数量 × 单位税额

企业按规定应交的消费税，应在"应交税费"账户下设置"应交消费税"明细账户进行核算。"应交消费税"明细账户的借方发生额，反映企业实际交纳的消费税和代扣的消费税；贷方发生额，反映按规定应交纳的消费税。期末贷方余额反映尚未交纳的消费税；期末借方余额反映多交或代扣的消费税。

企业将生产的需要交纳消费税的消费品直接对外出售的，按规定计算的消费税，借记"营业税金及附加"账户，贷记"应交税费——应交消费税"账户。实际交纳消费税时，借记"应交税费——应交消费税"账户，贷记"银行存款"账户。发生销货退回及退税时，用红字做相同的会计分录予以冲减。

第三，应交营业税的计算与会计处理。

营业税是指对应税劳务、转让无形资产或者销售不动产的营业额征收的一种流转税。按照营业税暂行条例规定，凡在我国境内提供交通运输、建筑、金融保险、邮电通信、文化体育、娱乐、服务等劳务以及转让无形资产或者销售不动产的单位和个人，均为营业税的纳税义务人。

企业提供交通运输、建筑等应税劳务，按规定计算出应纳的营业税时，借记"营业税金及附加"等账户，贷记"应交税费——应交营业税"账户；

交纳营业税时，借记"应交税费——应交营业税"账户，贷记"银行存款"账户。

企业处置无形资产，应按实际取得的转让收入借记"银行存款"账户，按该项无形资产已计提的减值准备借记"无形资产减值准备"账户，按无形资产已摊销额借记"累计摊销"账户，按无形资产的账面余额（成本）贷记"无形资产"账户，按应支付的营业税及相关税费贷记"应交税费——应交营业税"等账户，按其差额贷记"营业外收入"账户或者借记"营业外支出"账户。

企业销售不动产，按应支付的营业税及相关税费，借记"固定资产清理"账户，贷记"应交税费——应交营业税"等账户。

（6）对所有者的负债

企业作为独立核算的经济实体，对其实现的经营成果除了按照税法及有关法规规定缴纳所得税外，还必须对投资者给予一定的回报，即向投资者分配股利或利润。企业分配给投资者的现金股利或利润，在实际未支付给投资者之前，便形成了一笔对所有者的负债。

为了总括反映应付、已付利润或股利的情况，在会计核算中，设置"应付股利"账户进行核算。贷方反映应付的投资利润或现金股利，借方反映已经支付的投资利润或股利；期末余额在贷方，反映尚未支付的投资者利润或股利。

企业计算出应付给投资者的利润或股利时，借记"利润分配"账户，贷记"应付股利"账户；实际支付利润或现金股利时，借记"应付股利"账户，贷记"银行存款"等账户。本账户应按投资者开设明细账户，进行明细核算。

### （二）非流动负债的内容和核算

非流动负债是指流动负债以外的负债。主要包括长期借款、应付债券、长期应付款、专项应付款等。与流动负债相比，非流动负债具有以下特点。一是债务偿还的期限较长，一般在一年或者超过一年的一个营业周期以上；二是债务的金额通常较大，企业的长期负债主要因企业长期性的投资活动而产生，例如为扩大生产经营规模购置机器设备、购建厂房、购入土地使用权等，这些活动所需资金的数额都比较大；三是债务可以采用分期偿还（分期偿还本金或利息）或者到期时一次偿还本息。

按具体内容，非流动负债可分为三类长期借款、应付债券、长期应付款。

## 1. 长期借款的内容和核算

长期借款是指企业向银行等金融机构借入的偿还期在 1 年以上的各种借款。一般用于固定资产的购建、改扩建工程、大修理工程、对外投资以及为了保持长期经营能力等方面。长期借款的核算主要包括长期借款的取得、应计利息和归还本息等内容。"长期借款"科目按贷款单位设置明细账，按借款种类进行明细分类核算。

（1）取得长期借款

企业借入长期借款并将取得的款项存入银行时，应借记"银行存款"科目，贷记"长期借款"科目。如果已经将借款购置了固定资产或用于在建工程项目，则应借记"固定资产""在建工程"科目，贷记"长期借款"科目。

（2）长期借款利息

企业借入长期借款，应按实际收到的余额记入"长期借款——本金"科目，如借款本金与实际收到的金额存在差异，应记入"长期借款——利息调整"科目。

长期借款利息费用应当在资产负债表日按照实际利率法计算确定，实际利率与合同利率差异较小的，也可以采用合同利率计算确定利息费用。

长期借款计算确定的利息费用，应当按以下原则计入有关成本、费用：属于筹建期间的，计入管理费用；属于生产经营期间的，计入财务费用；如果长期借款用于购建固定资产的，在固定资产尚未达到预定可使用状态前，所发生的应当资本化的利息支出数，计入在建工程成本；固定资产达到预定可使用状态后发生的利息支出，以及按规定不予资本化的利息支出。计入财务费用；长期借款按合同利率计算确定的应付未付利息，计入"应付利息"科目。归还长期借款的本金和利息时，应按归还的金额，借记"长期借款"等科目，贷记"银行存款"科目。

## 2. 应付债券的内容和核算

应付债券是企业为筹集长期资金，依照法定程序发行的，约定在一定时期内还本付息的一种债务凭证。

企业债券是具有法律效力的有价证券，这种债券的票面通常应载明发行企业的名称、地址、债券面值、债券利率、还本期限和方式及利息的支付方式等。

债券面值，即债券上标明的金额，是债券到期时应偿还的本金额。债券利率，又称名义利率，是指债券应付利息的年利率；还本期指从发行债券的法定日期到清偿本息日期的时间。

（1）债券发行价格的确定

企业债券的发行价格与债券面值不是同一概念，两者有时一致，有时不一致。在市场经济环境下，任何一个理性的债权人都要对市场上各种借出资金的风险与收益进行权衡后才会作出最终决策。债券的市场售价，在很大程度上由其票面利率来决定。在其他条件不变的情况下，票面利率越高，债券的市价也就越高。如果确定了一个较低的票面利率，债权人一般不愿意认购，发行人只能按低于面值的价格发行。如果确定了一个较高的票面利率，就会吸引更多的债权人购买，在供不应求的情况下，发行人可将债券按高出面值的价格出售。这里的"较低"或"较高"的票面利率是相对于金融市场上其他投资机会的平均收益率而言的。其他投资机会的平均收益率，即为市场利率，是债权人决策时使用的重要参照指标。由此可见，企业债券的价格与票面利率和市场利率有直接的关系。理论上债券的实际发行价格是根据货币时间价值的理论，将债券到期应付面值和各期应付的利息，按市场利率折算的复利现值之和。其一般计算公式为：

债券面值的现值＝债券面值 × 到期偿还本金的复利现值系数

各期利息的现值＝每期债券利息额 × 分期付息年金现值系数

每期债券利息额＝票面价值 × 每一付息期的票面利率

债券的发行价格随市场利率的变动而呈反方向变动，即当市场利率低于债券票面利率时，债券发行价格高于其面值，发行价格高于债券面值的部分，称为债券溢价。如果市场利率高于债券票面利率时，债券发行价格低于其面值，发行价格低于债券面值的部分，称为债券折价。值得注意的是，债券一经发售，债券信托合同即告成立，其后无论市场利率如何波动，对发行的债券均不产生影响，也就不必调整会计记录。

（2）应付债券的核算

为了核算和监督公司债券的发行情况，企业应设置"应付债券"账户，该账户属于负债类账户，贷方登记发行债券的面值、债券溢价、应计利息和折价的摊销数；借方登记债券的折价、溢价的摊销数和按期偿还的本息数；期末余额在贷方，表示企业尚未偿还的本息数。该账户应设置"债券面值""债券溢价""债券折价"和"应计利息"等四个明细账户，进行明细分类核算。

企业在准备发行债券时，应将待发行债券的票面金额、债券票面利率、还本期限方式、发行总额、发行日期和编号、委托代售部门等内容在备查簿中进行登记。

无论是按面额发行，还是溢价或折价发行，均按债券面值计入"应付债券"账户的"债券面值"明细账户，实际收到的价款与面值的差额，计入"债券溢价"或"债券折价"明细账户。债券的溢价或折价，在债券的存续期间内进行摊销，摊销方法一般可采用直线法。债券上的应计利息，应按照权责发生制的原则按期预提，一般可按年预提。

### 3. 长期应付款的内容和核算

长期应付款是指企业除长期借款和应付债券以外的其他各种长期应付款项，主要包括采用补偿贸易方式引进国外设备价款，应付融资租入固定资产租赁费等。

为了核算和监督企业长期应付款的情况，应设置"长期应付款"账户。该账户属负债类账户。贷方登记长期应付款的发生数；借方登记长期应付款的偿还数；期末余额在贷方，表示尚未偿还的款项。该账户应按长期应付款的种类设置明细账进行明细核算。

补偿贸易是从国外引进设备，再用该设备生产的产品归还设备价款。国家为了鼓励企业开展补偿贸易，规定开展补偿贸易的企业，补偿期内免交引进设备所生产的产品的流转税。事实上，补偿贸易是以生产的产品归还设备价款。因此，一般情况下设备的引进和偿还设备价款是没有现金的流入和流出的。在会计核算时，一方面，引进设备的资产价值以及相应的负债，作为本企业的一项资产和一项负债，在资产负债表中分别包括在"固定资产"和"长期应付款"项目中；另一方面，用产品归还设备价款时，视同产品销售进行处理。

## 二、所有者权益的核算

### （一）所有者权益的含义

我国《企业会计准则——基本准则》规定，"所有者权益是指企业资产扣除负债后由所有者享有的剩余权益"。这一定义说明了所有者权益的经济性质和构成。它可以通过对基本会计等式"资产＝负债＋所有者权益"的转换推导而得出，即：

所有者权益＝资产－负债

资产减去负债后的余额，也被称为净资产。因此，所有者权益是体现在净资产中的权益，是所有者对净资产的要求权。

所有者对企业的经营活动承担着最终的风险，与此同时，也享有最终的权益。如果企业在经营中获利，所有者权益将随之增长；反之，所有者权益将随之缩减。任何企业的所有者权益都是由企业的投资者投入资本及其增值所构成的。

为了反映所有者权益的构成，便于投资者和其他会计信息使用者了解所有者权益的来源及变动情况，我国《企业财务会计报告条例》规定："在资产负债表上，所有者权益应当按照实收资本（或者股本）、资本公积、盈余公积、未分配利润等项目分项列示。"

### （二）实收资本的内容及核算

#### 1. 实收资本的定义和来源

企业要经营，必须有一定的"本钱"。实收资本就是投资人投入企业的"本钱"，它是企业开展生产经营活动的必要物质基础。投资人对依法投入的资本享有法定权利并以此为限对企业负债承担责任。企业在进行会计核算时，应分清投入资本和借入资金的界限，不得将借入资金作为实收资本核算。

（1）实收资本和注册资本的区别

实收资本具体表现为投资者实际投入企业经营活动的各种财产物资。投资人可以用货币资金、存货、固定资产、无形资产等各种形式的资产对企业投资。投资者以无形资产方式出资时，企业吸收的无形资产出资额一般不得超过注册资本总额的20%。企业收到投资者投入企业的资本时，必须聘请注册会计师验资，出具验资报告，并由企业签发出资证明，以保护债权人和各方投资者的合法权益。投资者投入资本后，不允许抽回投资。若在企业成立后，有抽逃行为的，责令改正，并处以所抽逃资金5%以上、10%以下的罚款；构成犯罪的，依法追究刑事责任。

所谓注册资本是指企业成立时，在工商行政管理部门登记注册的资本总额，是企业各方投入资本的总和，是企业的法定资本。企业应该按照法律、法规、合同和章程的规定及时进行资本的筹集。如果是一次筹集的，账面上的投入资本应等于注册资本；如果是分期筹集的，在所有者最后一次缴入资本以后，投入资本应等于注册资本。企业实收资本比原注册资本数额增减超过20%时，应持资金使用证明或验资证明，向原登记主管机关申请变更登记。

注册资本是企业承担民事责任的财力保证。企业申请开业必须具备符合国家规定并与生产经营和服务规模相适应的资金数额。我国《公司法》将股东出资达到法定资本最低限额作为公司成立的必要条件。这些条件是：①有限责任公司注册资本的最低限额为人民币3万元。②一人有限责任公司注册资本的最低限额为人民币10万元。③股份有限公司注册资本的最低限额为人民币500万元。对于一些特殊行业，如金融业，在有关的法律中，对其注册资本还有更为严格的限定。

（2）实收资本的来源

在目前我国的经济环境下，按照企业投入资本的来源不同，可以将投入资本分为四类：国家资本、法人资本、个人资本和外商资本。

个人资本是指社会公众或者企业内部职工以其合法财产投入企业而形成的资本。个人资本大部分是以货币资产投入。个人对股份有限公司投资时，通常以购买股票的方式进行。

法人资本是指企业接受其他法人单位投资形成的资本。法人资本一般包括实物资产、货币资产和无形资产投资三种形式。

国家资本是指国家以各种形式对企业的实物投资、货币资金投资，以及所有权应该属于国家的发明创造和技术成果等无形资产投资。它包括各类国有企业的所有者权益以及股份有限公司和有限责任公司中的国有股。

外商资本是指外国和我国香港、澳门及台湾地区投资者以各种形式的财产进行的投资。其投资方式包括实物投资、货币资金投资和无形资产投资。其中货币资金投资包括外币资金的投资。

## 2. 实收资本的会计核算

（1）一般企业实收资本的会计核算

根据我国有关法律的规定，投资者投入资本的形式可以有多种，如投资者可以用现金投资，也可以用非现金投资，符合国家规定比例的，还可用无形资产投资。

第一，企业接受现金资产投资的会计核算。

企业收到投资者以现金投入的资本时，应当以实际收到或者存入企业开户银行的金额作为实收资本入账，借记"银行存款"科目，贷记"实收资本"科目，实际收到或者存入企业开户银行的金额超过其在该企业注册资本中所占份额的部分，贷记"资本公积"。对于不同投资者投入的货币资金，企业应分别设置明细账进行明细核算。

第二，企业接受外币资本投资的会计核算。

接受外币资本投资主要是针对外商投资企业而言。外商投资企业在接受外币投资时，一方面，应将实际收到的外币款项等资产作为资产入账，按收到外币当日的汇率折合的人民币金额，借记"银行存款"等科目；另一方面，应将接受的外币资产作为实收资本入账，但在具体折算时，则应区别情况，按照投资合同中是否约定汇率而定。

如果投资合同中约定汇率，应按收到外币当日的汇率折合的人民币金额，借记"银行存款"科目，按合同约定汇率折合的人民币金额，贷记"实收资本"科目，将外币资本按约定汇率折算的人民币金额与按收到外币当日汇率折合的人民币金额之间的差额，计入资本公积，借记或贷记"资本公积——外币资本折算差额"科目。如果投资合同没有约定汇率，应按收到出资额当日的汇率折合的人民币金额，借记"银行存款"科目，贷记"实收资本"科目。

第三，企业接受非现金资产投资的会计核算。

企业收到投资者以非现金资产投入的资本时，应按投资各方确认的价值作为实收资本入账，在办理完有关产权转移手续后，借记"固定资产""原材料""库存商品"等科目，贷记"实收资本"科目。对于非现金资产计量属性选择的问题，现行会计惯例要求判断股票的公允价值与换取的非现金资产的公允价值，哪一个更为可靠，并以其作为计价基础进行核算。若两者均清楚可靠，则以非现金资产的公允价值为计价基础，若两者的公允价值都无法确知，应以独立的专业评估师对非现金资产作出的专业判断为计价基础。一般来说，股票的面值、设定价值不作为计价的基础。对于投资各方确认的资产价值超过其在注册资本中所占份额的部分，应计入"资本公积"科目。

（2）企业资本（或股本）变动的会计核算

第一，企业增资的会计核算。

企业接受投资者额外投入实现增资的会计处理。在企业按规定接受投资者额外投入实现增资时，企业应按其实际收到的款项或其他资产，借记"银行存款"等科目，按增加的实收资本或股本金额，贷记"实收资本"或"股本"科目。按两者之间的差额，贷记"资本公积——资本溢价"或"资本公积——股本溢价"科目。

资本公积转增资本的会计处理。在企业采用资本公积转增资本时，企业应按照转增的资本金额，借记"资本公积"科目，贷记"实收资本"或"股本"科目。

盈余公积转增资本的会计处理。在企业采用盈余公积转增资本时，企业应按照转增的资本金额，借记"盈余公积"科目，贷记"实收资本"或"股本"科目。

采用发放股票股利方式增资的会计处理。在股份有限公司股东大会或类似机构批准采用发放股票股利方式增资时，公司应在实施该方案并办理完增资手续后，根据实际发放的股票股利数，借记"利润分配——转作股本的普通股股利"科目，贷记"股本"科目。

第二，企业减资的会计核算。

在企业按法定程序报经批准减少注册资本时，应按照减资金额，借记"实收资本"或"股本"科目，贷记"库存现金""银行存款"等科目。

股份有限公司采用收购本企业股票方式减资时，应按照注销股票的面值总额减少股本，购回股票支付的价款超过面值总额的部分，依次减少资本公积和留存收益，借记"股本"科目，以及"资本公积""盈余公积""利润分配——未分配利润"科目，贷记"银行存款""库存现金"科目；购回股票支付的价款低于面值总额的，按股票面值，借记"股本"科目，按支付的价款，贷记"银行存款""库存现金"科目，按其差额，贷记"资本公积"科目。

（3）股份有限公司股本的会计核算

股份有限公司是指全部资本由等额股份构成并通过发行股票筹集资本，股东以其所持股份对公司承担有限责任，公司以其全部资产对公司债务承担责任的企业法人。股份有限公司与其他企业相比，其显著特点在于将企业的资本划分为等额股份，并通过发行股票的方式来筹集资本。股票的面值与股份总数和的乘积即为公司股本，股本等于股份有限公司的注册资本。为了如实反映公司的股本情况，股份有限公司应设置"股本"科目进行核算。

第一，公司发行股票筹集股本的会计核算。

根据国家有关规定，股份有限公司应当在核定的股本总额及核定的股份总额的范围内发行股票。公司发行的股票，在收到现金等资产时，按实际收到的金额，借记"现金""银行存款"等科目，按股票面值和核定的股份总额的乘积计算的金额，贷记"股本"科目，按其差额，贷记"资本公积——股本溢价"科目。

股份有限公司的设立方式有两种，一是发起设立，即发起人认购所有要发行的股份；二是募集设立，即由发起人认购一部分股份，剩余股份向社会公开募集。目前，我国股份有限公司采用募集设立的方式，以实物资产、无形资产作价入股。以无形资产出资时，不得超过注册资本的20%，设立时，发起人认购的股份不得低于股份总数的35%，公开发行的股份不得低于股份总数的25%，即发起人认购的股份在35%～75%之间，其余部分可向社会公开募集，因而发行的股票数量大，印刷费用高，另外从广大投资者认购到实际出缴资金需要进行大量的工作。因此采用这种方式支付给证券商的发行费用一般较高，在会计上应进行特别处理。采用溢价发行股票的，其支付给证券商的费用可以从溢价收入中支付，采用面值发行股票的，其支付给证券商的费用列作长期待摊费用等，计入开业后的损益。

第二，境外上市公司以及在境内发行外资股公司股本的会计核算。

境外上市公司以及在境内发行外资股的公司，在收到股款时，按收到股款当日的汇率折合的人民币金额，借记"银行存款"等科目，按股票面值与核定的股份总额的乘积计算的金额，贷记"股本"科目，按收到股款当日的汇率折合的人民币金额与按人民币计算的股票面值总额的差额，贷记"资本公积——股本溢价"科目。

（4）可转换公司债券转为股本的会计核算

可转换公司债券持有人行使转换权利，将其持有的债券转换成股票时，公司按可转换公司债券金额，借记"应付债券——可转换公司债券（面值、利息调整）"科目，按权益成分的金额，借记"资本公积——其他资本公积"科目，按股票面值和转换股数计算的股票面值总额，贷记"股本"科目，按其差额，贷记"资本公积——股本溢价"科目。

### （三）资本公积的内容及核算

#### 1. 资本公积的内容

企业的资本公积又叫作准资本，指的是归企业所有者共有的资本，主要来源于资本在投入过程中所产生的溢价，以及直接计入所有者权益的利得和损失。它的主要用途是依法转增资本，不得作为投资利润或股利进行分配。资本公积是所有者权益的组成部分，主要包括资本溢价（或股本溢价）、直接计入所有者权益的利得和损失等。

资本溢价（或股本溢价）指的是，投资人缴付的出资额超出其认缴资本金的差额，包括股份有限公司发行股票的溢价净收入及可转换债券转换为股本的溢价收入等，形成资本溢价（或股本溢价）的原因有溢价发行股票、投资者超额缴入资本等。直接计入所有者权益的利得和损失是指不应计入当期损益，导致所有者权益发生增减变动，与所有者实收资本或向所有者分配利润无关的利得和损失。

### 2. 资本公积的会计核算

在通常情况下，企业的资本公积应当设置"资本溢价""股本溢价""其他资本公积"等明细科目进行核算。

（1）资本/股本溢价形成的资本公积

有限责任公司的出资者以其出资份额享受企业经营决策权，对企业承担有限责任。企业创建初期，投资者所认缴的出资额全部作为实收资本，记入"实收资本"账户。在企业经营后期，若有新的投资者加入时，并不一定将其出资额全部作为实收资本。因为在企业经营的不同时期，同样数额的资本获利能力不一定相同，一般说企业正常经营后，其资本利润率要高于企业初创阶段。因此，新投资者为了取得一定的投资比例，需要付出大于按投资比例计算的实收资本额。另一方面，企业盈利形成的留存收益是企业所有者权益，未转入实收资本，新投资者必须付出大于按投资比例计算的实收资本额，才能与原投资者共享这部分留存收益。投资者投入的资本中按其投资比例计算的出资额记入"实收资本"账户，超过部分记入"资本公积"的账户。

股本溢价指的是股份有限公司溢价发行股票时，实际收到的款项超过股票面值总额的数额。股本溢价，主要指股份有限公司溢价发行股票而产生的，股票发行收入超过所发股票面值的部分扣除发行费后的余额。股份有限公司是以发行股票的方式筹集资本。我国《公司法》第131条规定：股票发行价格可以按票面金额，也可以超过票面金额，但不得低于票面金额。也就是说发行股票只能平价或是溢价发行，我国不存在股票折价发行的问题，因此不会出现股本折价的情况。除此之外，发行股票的股本（指股份有限公司实际发行的股票的面值）总额应与注册资本相等。股份有限公司中，股东按其所持股份享有所有权并承担相应的有限责任。为了反映和便于计算各股东所持股份占企业全部股本的比例，企业股本总额应按股票的面值和股份总数的乘积计算。

我国相关法规规定，实收股本应与注册资本相等，因此，为提供企业股本总额及其构成以及注册资本等信息，在采用与股票面值相同的价格发行股票时，企业发行股票取得的收入总额，应全部记入"股本"账户；在采用溢价发行股票时，企业发行股票取得的收入总额，等于股票面值部分记入"股本"账户，超过股票面值的溢价部分记入"资本公积"账户。需要注意的是，委托证券商代理发行股票而支付的手续费、佣金等，应从溢价发行收入中扣除，在采用面值发行时，支付的发行股票费用应作为长期待摊费用处理。

（2）其他来源形成的资本公积

其他资本公积，指的是股本溢价（或资本溢价）以外的资本公积，值得注意的是其他资本公积不得用于转增资本（或股本）。主要包括以下几项内容。

第一，以权益结算的股份支付。企业根据以权益结算的股份支付协议授予职工或其他方提供服务的，应按权益工具授予日的公允价值计入其他资本公积；在行权日，应按实际行权的权益工具数量计算确定的金额，转为实收资本和资本溢价。

第二，可供出售金融资产公允价值变动。可供出售金融资产的公允价值高于其账面余额的差额，应计入其他资本公积；反之，应冲减其他资本公积。

第三，权益法核算下的长期股权投资。在长期股权投资采用权益法核算的情况下，被投资单位资本公积发生变动，企业应按持股比例计算享有的份额，计入其他资本公积。

第四，持有至到期投资转换为可供出售金融资产公允价值与账面价值的差额。企业将持有至到期投资转换为可供出售金融资产时，转换日该项持有至到期投资的公允价值与其账面价值的差额，应计入其他资本公积；将可供出售金融资产转换为持有至到期投资，与其相关的原计入其他资本公积的余额，应在该项金融资产的剩余期限内进行摊销。

第五，自用房地产或存货转换为投资性房地产。企业将自用房地产或存货转换为采用公允价值模式计量的投资性房地产时，转换当日的公允价值大于原账面价值的差额，应计入其他资本公积；处置该项投资性房地产时，应转销与其相关的其他资本公积。

第六，可转换债券的转换权价值在债券发行时记入"资本公积——其他资本公积"的贷方，实际转换时从贷方转入"资本公积——其他资本公积"的借方。

（3）资本公积转增资本

按照《公司法》的规定，法定公积金（资本公积和盈余公积）转为资本时，所留存的该项公积金不得少于转增前公司注册资本的25%。经股东大会或类似机构决议，用资本公积转增资本时，应冲减资本公积，同时按转增前的实收资本（或股本）的结构或比例，将转增的金额记入"实收资本"（或"股本"）科目。

### （四）留存收益的内容及核算

留存收益，是指企业从历年实现的净利润中提取或形成的留存于企业内部的积累，是由企业内部所形成的资本。它来源于公司的生产经营活动所实现的净利润，在性质上与投资者投入资本一样属于所有者权益。

#### 1. 留存收益的内容

企业存在的主要目的是，为了生产经营，获取利润并发展壮大。而企业所有者权益的增加，可以通过两个途径：一是由投资者投资和其他资本性交易而来；二是由经营活动赚取利润而来。投资者投入企业的资本作为投入资本，通过公司的生产经营活动，不仅要保持原有投资的完整，而且要求原投资的增值，即实现利润。企业利润总额扣除按国家规定上缴的所得税后，一般称为税后利润或净利润。税后利润可以按照法规、协议、合同、公司章程等有关规定进行分配。在分配税后利润时，一方面应按照国家的规定提取盈余公积（包括法定盈余公积、任意盈余公积），将当年实现的利润留存于企业，形成内部积累，成为留存收益的组成部分；另一方面向投资者分配利润或股利，分配利润或股利后的剩余部分作为未分配利润。未分配利润同样成为企业留存收益的组成部分。

（1）盈余公积

盈余公积指的是，企业按照规定从税后利润中提取的各种积累资金。提取盈余公积的主要目的是限制股利的过量分派，即向投资者表明，税后利润所代表的资财应提取一部分，以满足将来扩大企业生产规模、弥补日后发生的亏损等的需要，而不能全部以股利的形式分派给投资者。否则，稍有盈余就分尽吃光，将会对企业的长期发展造成极为不利的影响。可见，盈余公积带有一定的强制性，并往往有指定的用途。

盈余公积金根据其用途不同，可分为法定盈余公积金和任意盈余公积金两部分。我国《公司法》规定，股份公司应按照净利润的 10% 提取法定盈余公积金，提取的法定盈余公积金累积达到注册资本的 50% 时不再提取；任意盈余公积金是指提足法定盈余公积金后，企业按照公司章程规定或股东大会决议自行决定提取的盈余公积金。法定盈余公积金和任意盈余公积金的区别在于其各自计提的依据不同，前者以国家的法律或行政规章为依据提取，后者则由公司自行决定提取。

盈余公积是企业专门用于维持和发展企业生产经营的准备金，其主要用途为：

第一，转增资本。

当企业提取的盈余公积累积额较大时，可以将盈余公积转增资本，但是，转增时必须经投资人同意或股东大会决议批准并办理相应的增资手续，按照投资人原持股比例予以转增。用盈余公积转增资本后，留存的盈余公积不得少于转增前公司注册资本的25%。

第二，弥补亏损。

按照现行税法规定，企业某年度发生的亏损，在其后五年内可以用实现的税前利润来弥补，从第六年开始，只能用税后利润弥补。如果企业发生的亏损用税后利润仍不足以弥补的，则可以用发生亏损以前所提取的盈余公积来加以弥补。用盈余公积弥补亏损时，应当由董事会提议，并经股东大会批准，或者由类似的机构批准方可进行。

第三，分派现金股利。

企业在当年如果没有实现利润，原则上不得分配股利。但在特殊情况下，当企业累积的盈余公积比较多而未分配利润比较少时，为了维护企业形象，给投资者以比较均衡的投资回报，对于符合规定条件的企业，经股东大会作出特别决议，也可用盈余公积分派现金股利。

用盈余公积分配股利需要符合以下条件：①若企业有未弥补亏损，应用盈余公积弥补亏损，弥补亏损后仍有结余的，方可分配股利。②用盈余公积分配股利的股利率不得超过股票面值的6%。③分配股利后盈余公积不得低于注册资本的25%。④企业可供分配的利润不足以按不超过股票面值的6%分配股利，可以用盈余公积补到6%，但分配后的盈余公积不得低于注册资本的25%。

（2）未分配利润

未分配利润指的是，公司等待分配或留待以后年度再进行分配的结存利润，数量上未分配利润是期初未分配利润，加上本期实现的税后利润，减去提取的各种盈余公积和分出的利润后的余额，即历年积存的净利润。未分配利润有两层含义：一是这部分税后利润没有分给投资者，留待以后年度处理；二是这部分税后利润未指定特定用途。这部分留待以后年度分配的利润，可用于企业扩大生产经营活动的资金需要，也可用于弥补以后年度的亏损，还可以留待以后年度向投资者分配利润。相对于所有者权益的其他部分而言，企业对未分配利润的使用有较大的自主权。

### 2. 留存收益的会计核算

留存收益是业主权益的另一个组成部分，是指公司在历年生产经营活动中取得的净利润的留存额。公司净资产的增加可以通过两条途径：一是由股东投资及其他资本交易而来；二是由留存的净收益所累积。

公司赚取的净收益，虽然归属于所有者，并增加业主权益，但这并不意味着该赚取的收益全部分配给投资者，它还受到法规、公司章程、股东大会决议等条件限制。公司从当年税后利润中指定为其他用途，不得用于分配给股东的利润，称为指定用途的留存收益即盈余公积，剩下的才是未指定用途的留存收益即未分配利润。

（1）股利分配的会计核算

股利是股份有限公司分配给股东的盈余。公司按章程规定，通常要按期以一定数额的股利分派给股东。但股利是否发放以及发放的方式，都是由公司董事会作出决定。董事会必须在法律规定的范围内，决定分派股利的时间、金额、方式。

与分派股利有关的日期主要有：①股利宣告日，指的是董事会向股东宣告分派股利的当天。股利一经宣告，其所有权就属于股东，即形成公司的负债——应付股利。②股权登记日，指的是在宣告分派股利时规定的拥有股权的截止日。交易所一般对这一截止日还拥有该股票的股东账户进行股权登记，该股权登记日的下一个交易日则称除权除息日。③股利发放日，指的是实际支付股利的日期，股利一经发放，企业的上述负债就已解除。

公司的股利发放方式一般有现金股利、股票股利、财产股利、负债股利、清算股利等。不同的股利发放方式，其会计处理方法也会有所不同，这里主要介绍我国目前两种主要的股利发放形式。

第一，现金股利。投资者投资于股票，是为了获得现金股利和资本利得，企业的董事会既要着眼于企业长期的财务需要，保留足够的资金用于扩大再生产，又不能将股利限制在太低水平。

第二，股票股利。公司用增发股票方式所发放的股利，称为股票股利，也称送股。发放股票股利的优点在于，当公司没有充足的现金发放现金股利时，利用股票股利使股东有被分派股利的感觉，其实，股票股利并非真正的股利，它既不影响公司的现金流量，也不会增加股东的财富。它只引起公司股权结构发生变动，但股东的持股比例不变。由于发放股票股利会引起股本的增加（留存收益减少），根据我国《公司法》，增加资本必须报经工商行政管理部门批准，一般情况下，应当是在股东大会正式批准股票股利分配方案后，才正式申请变更注册登记。所以在公司董事会决议提请分派股票股利时，不需要进行账务处理。但要在对外报出的会计报表中予以披露，当董事会决议提请的利润分配方案经股东大会批准通过后，在实际发放股票股利时，应作会计分录，借记"利润分配——转作股本的普通股股利"科目，贷记"股本"科目。

（2）弥补亏损的会计处理

企业在生产经营过程中既可能发生盈利，也有可能出现亏损。企业在当年发生亏损的情况下，与实现利润的情况相同，应当将本年发生的亏损自"本年利润"科目，转入"利润分配——未分配利润"科目，借记"利润分配——未分配利润"科目，贷记"本年利润"科目，结转后"利润分配"科目的借方余额，即为未弥补亏损的数额。然后通过"利润分配"科目核算有关亏损的弥补情况。

企业发生的亏损可以次年实现的税前利润弥补。在以次年实现的税前利润弥补以前年度亏损的情况下，企业当年实现的利润自"本年利润"科目的借方，转入"利润分配——未分配利润"科目的贷方，其贷方发生额与"利润分配——未分配利润"的借方余额自然抵补。因此，以当年实现净利润弥补以前年度结转的未弥补亏损时，不需要进行专门的会计处理。

由于未弥补亏损形成的时间长短不同等原因，以前年度未弥补亏损有的可以当年实现的税前利润弥补，有的则须用税后利润弥补。无论是以税前利润，还是以税后利润弥补亏损，其会计处理方法相同，所不同的只是两者计算交纳所得税时的处理不同而已。在以税前利润弥补亏损的情况下，其弥补的数额可抵减当期企业应纳税所得额，而以税后利润弥补的数额，则不能作为纳税所得扣除处理。

（3）盈余公积的会计处理

盈余公积，是指企业按照规定从税后净利润中提取的各种积累资金。盈余公积分为两种，一是法定盈余公积，公司制企业要求按税后利润的10%提取，当法定盈余公积累计额已达到注册资本的50%时不再提取；二是任意盈余公积，公司制企业按照股东大会的决议提取。

公司提取的盈余公积可用于以下方面：

第一，弥补亏损。企业发生的亏损有三条弥补渠道：一是用以后年度的税前利润弥补，按我国税法规定，企业发生亏损时，可以用以后连续 5 年内实现的税前利润弥补；二是用税后利润弥补，企业发生亏损经过 5 年期间未弥补足额的，可用税后利润继续弥补；三是用盈余公积补亏，用这种方法时，应经公司董事会提议，并经股东大会批准。盈余公积补亏的会计分录为，借记 "盈余公积———一般盈余公积" 科目，贷记 "利润分配——其他转入" 科目。

第二，转增资本。盈余公积转增资本时，转增后留存的盈余公积的数额不得小于注册资本的 25%，会计分录为，借记 "盈余公积———一般盈余公积" 科目，贷记 "实收资本（股本）" 科目。

第三，分配股利。公司当年无利润，原则上不能分配股利，但在盈余公积弥补亏损后，经股东大会特别决议，可以用盈余公积分配股利，但分配后，盈余公积不得少于注册资本的 25%。同时，盈余公积分配股利的利率不得过高，一般不超过股票面值的 6%。用盈余公积分派现金股利时的分录为，借记 "盈余公积———一般盈余公积" 科目，贷记 "应付股利" 科目。

（4）股权激励计划——股份支付

股份支付，是指企业为获取职工和其他方提供服务而授予权益工具或者承担以权益工具为基础确定的负债的交易。股份支付分为以权益结算的股份支付和以现金结算的股份支付两种方式。

以权益结算的股份支付，是指企业为获取服务以股份或其他权益工具作为对价进行结算的交易。按照支付对象的不同，以权益结算的股份支付的计量应分为向职工支付和向其他方面支付两种情况处理。

与权益结算相关的日期有：授权日，股份协议获得批准的日期；可行权日，行权条件得到满足、职工和其他方面具有从其他企业获得现金和权益性工具的权利的日期；等待期，行权条件得到满足的期间。

以权益结算的股份支付，在实际行权时，按实际行权的权益工具数量计算确定的金额，借记 "资本公积——其他资本公积" 账户，按计入实收资本或股本的金额，贷记 "实收资本" 或是 "股本" 账户，将其差额计入 "资本公积——资本溢价" 或是 "资本公积——股本溢价" 账户。

企业在采用现金结算的方式来进行股份支付时，可以在行权日之后就不再确认成本费用，然后将已经计入负债的数额用现金的方式进行支付，负债（应付职工薪酬）公允价值的变动应当计入当期损益。

# 第三章　财务会计资料的管理研究

## 第一节　会计凭证的传递与保管

### 一、会计凭证的传递

会计凭证的传递是指从会计凭证取得或填制起，经过审核、记账、装订至归档保管时止，在单位内部有关部门和人员之间按照规定的时间、程序、路线办理业务手续和进行处理的过程。：为了充分发挥会计凭证的作用，企事业单位为了充分发挥会计凭证的作用，需要位在会计核算时，"不仅要正确填制和严格审核会计凭证，同时还要有效组织会计凭证的传递工作，及时、迅速和完整地向有关方面提供必要的会计信息，发挥会计的职能。"[①]

#### （一）会计凭证传递的意义

会计凭证传递的意义在于：一是有利于及时反映经济业务执行情况，促使有关部门和人员及时了解经济业务发生及完成的具体情况，加速业务处理过程，提高工作效率；二是有利于加强经营管理上的责任制，企业经济业务往往是由几个业务部门共同进行的，会计凭证也随着实际业务进程在相关业务部门之间流转，传递会计凭证可以分清相关经济部门和人员的责任。

#### （二）会计凭证传递的主要内容

会计凭证传递包括三方面的内容：一是会计凭证在企业内部各部门及经办人员之间传递的线路，即会计凭证的传递程序；二是会计凭证在各环节及

---

① 王勇，刘砚华，崔伟编 . 基础会计 [M]. 北京：北京理工大学出版社，2021：120.

其有关人员的停留及传送时间,即会计凭证的传递时间;三是会计凭证在传递过程中的衔接手续。

### (三)会计凭证传递的注意事项

一是规定科学合理的传递程序。各单位应根据交易或事项的特点、内部机构设置和人员分工情况,以及经营管理上的需要,恰当地规定各种会计凭证的联数和传递程序。当经济业务发生后,既要做到会计凭证传递程序比较合理,又要避免多余的环节,从而提高会计工作的效率。

二是确定合理的会计凭证停留时间。每一个企业、单位应当根据经济业务的性质、需要办理的各项必要手续等内容,确定会计凭证在各工作环节上的停留时间。

三是凭证传递环节要严密。会计凭证传递的各环节应明确所办理的具体手续,要有交接制度,保证各环节的衔接紧密,责任明确,保证凭证的安全和完整。

会计凭证的传递程序、传递时间和传递手续确定后,有关部门和人员应当共同遵守执行。如在执行中发现不协调和不合理的地方,应及时根据实际情况加以修改。

## 二、会计凭证的保管

会计凭证是重要的经济档案和会计档案。为了便于随时查阅、利用,各种会计凭证在办理好各项业务手续并据以记账后,应由会计部门加以整理、归类,并送交档案部门妥善保管。为了保管好会计凭证,更好地发挥会计凭证的作用,《会计基础工作规范》第五十五条做了明确的规定,具体可归纳为以下几点:

### (一)会计凭证的整理归类要求

会计部门在记账以后,应定期(一般为一个月)将会计凭证加以归类整理,即把记账凭证及其所附原始凭证,按记账凭证的编号顺序进行整理,在确保记账凭证及其所附原始凭证完整无缺后,将其折叠整齐,加上封面、封底、装订成册,并在装订线上加贴封签,以防散失和任意拆装。在封面上要注明单位名称、凭证种类、所属年月和起讫日期、起讫号码、凭证张数等。会计主管或指定装订人员要在装订线封签处签名或盖章,然后入档保管。

## （二）会计凭证的造册归档要求

每年的会计凭证都应由会计部门按照归档的要求，负责整理立卷或装订成册。当年的会计凭证，在会计年度终了后，可暂由会计部门保管1年，期满后，原则上应由会计部门编造清册，并移交本单位档案部门保管。档案部门接收的会计凭证，原则上要保持原卷册的封装，个别需要拆封重新整理的，应由会计部门和经办人员共同拆封整理，以明确责任。会计凭证必须做到妥善保管、存放有序、查找方便，并要严防毁损、丢失和泄密。

## （三）会计凭证的借阅原则

会计凭证原则上不得借出，如有特殊需要，须报请批准，但不得拆散原卷册，并应限期归还。需要查阅已入档的会计凭证时，必须办理借阅手续。其他单位因特殊原因需要使用原始凭证时，经本单位会计机构负责人、会计主管人员批准，可以复制。但向外单位提供的原始凭证复印件，应在专设的登记簿上登记，并由提供人员和收取人员共同签名或盖章。

## （四）会计凭证的销毁规定

会计凭证应按规定的保管期限保管。保管期未满，任何人都不得随意销毁会计凭证。保管期满但未结清的债权债务会计凭证和涉及其他未了事项的会计凭证不得销毁。按规定销毁会计凭证时，必须开列清单，报经批准后，由档案部门和会计部门共同派员监销。在销毁会计凭证前，监督销毁人员应认真清点核对；销毁后，在销毁清册上签名或盖章，并将监销情况报本单位负责人。

# 第二节 会计账簿的设置与登记

## 一、会计账簿的设置和启用

### （一）会计账簿的设置原则

会计账簿的设置包括确定账簿的种类、设计账页的格式和内容、规定账簿的登记方法等。一个企业应设置哪些账簿，各类账簿应设置多少，都应当根据经济业务的特点和自身管理的需要来确定。一般企业在设置会计账簿时应当遵循以下基本原则：

### 1. 满足需要的原则

设置会计账簿要适应本企业的规模和特点，适合本企业经营管理的需要。"所设置的账簿应当能够全面反映本单位的经济活动情况，为会计信息使用者提供总括的和明细的核算资料，满足经济管理的需要。"①

### 2. 组织严密的原则

会计账簿的设置要组织严密、层次分明，尽量避免漏设必要的账簿和重复设置账簿，所设置的各账簿之间既要有密切的联系又要有明确的分工，使之形成相互联系又密切配合的账簿体系，以便提供完整和系统的信息资料。

### 3. 繁简得当的原则

设置账簿不但要确保完成会计任务的需要，还要结合科学管理的要求，既要防止账簿重叠、辗转誊抄、烦琐复杂，又要防止过于简化。一般设置会计账簿要结合企业自身的特点来确定繁简程度，经济业务复杂、规模较大、会计人员多的单位，会计账簿可以设置得细化一点；而经济业务简单、规模较小、会计人员少的单位，会计账簿可以设置得简化一些。

## （二）会计账簿的启用要求

每一个企业在新的会计年度开始时都需要启用新的会计账簿，在启用新会计账簿时需要完成的工作及注意事项具体如下：

### 1. 设置账簿的封面和封底

在启用新会计账簿时，需要在账簿的封面上写明单位名称、账簿名称等内容，对于没有封面和封底的账簿，比如活页账等，应当设置封面和封底。

### 2. 填写账簿启用及经管人员一览表明细

设置好账簿的封面和封底之后，应填写扉页上的"账簿启用及经管人员一览表"，其中包括单位名称、账簿名称、账簿编号、启用日期、单位负责人、会计主管和记账人员等内容，并加盖单位公章。账簿是重要的会计档案，必须要由专人负责登记。当会计人员发生变更时，应办理交接手续，将本人

---

① 高彩梅. 基础会计 [M]. 重庆：重庆大学出版社，2022：168.

所经管的会计工作移交给接替人员并填写"账簿启用及经管人员一览表"中的交接说明，并由交接双方人员签名或盖章。

### 3. 填写账户目录明细

总分类账应按照会计科目的编号顺序填写账户名称及启用页码，即填写账户目录或科目索引。启用订本式账簿应当从第一页到最后一页按顺序编订页数，中间不得跳页或缺页。启用活页式账簿时应当按账户顺序编号，并定期装订成册，此外还需要另加账户目录，并记明每个账户的名称和页次。

### 4. 粘贴印花税票，并画线予以注销

采用购买印花税票方式缴纳印花税的单位，应在需要缴纳印花税账簿的启用表右上角粘贴印花税票，并画线予以注销；在使用缴款书缴纳印花税时，需要在启用表右上角注明"印花税已缴"以及缴款金额。

## 二、会计账簿的登记要求

会计账簿是形成和存储会计信息的重要载体，为了保证账簿记录的正确性和完整性，会计人员在登记账簿时，必须遵循有关法律法规和国家会计制度的规定，并严格按照会计基础规范要求记账。

### （一）要求内容准确完整

会计账簿必须根据审核无误的记账凭证及所附的原始凭证进行登记。登记账簿时，应当将会计凭证上的日期、凭证种类和编号、业务内容摘要、金额和其他有关资料逐项记入账簿内。各栏次内容的登记应做到不漏不错、数字准确、摘要清楚、字迹工整、登记及时。登记完毕后，记账人员应在记账凭证上签名或盖章，并在记账凭证的"过账"栏内注明所记账簿的页次或画"√"，表示已经登账，防止漏记或重记。

### （二）要求使用蓝黑墨水

为了保持账簿记录的持久性并防止涂改，登记账簿时必须使用蓝黑墨水或碳素墨水书写，不得使用圆珠笔（银行的复写账簿除外）或铅笔书写。

在账簿登记中，红字表示减少数，除特殊情况外一般不得随意使用红色墨水记账。可以使用红墨水记账的情况有：①按照红字冲账的记账凭证，冲销错误记录。②在不设借贷等栏的多栏式账页中，登记减少数。③在三栏式

账户的余额栏前，如未印明余额方向的，在余额栏内登记负数余额。④根据国家会计制度规定可以用红字登记的其他会计记录。除以上情况外，其他一律不得使用红色墨水登记账簿。

### （三）要求书写适当留空

在登记账簿时，应当在文字和数字的上方适当留有空距，不要写满格，文字和数字一般应占行高的 1/2，以便在发生错账时为填写正确的文字或金额留有余地。

### （四）要求账页连续登记

会计账簿应当按照连续编号的页码顺序连续登记，不得跳行或隔页。如果记账时不慎发生错误或者隔页、缺号、跳行的，不得随意涂改、撕毁或抽换账页。如果记账过程中发生跳行、隔页的情况，应当在空页、空行处用红色墨水画对角线注销，或者注明"此页空白"或"此行空白"字样，并由记账人员和会计机构负责人（会计主管人员）在更正处签字或盖章，从而避免在账簿登记中可能出现的漏洞。

### （五）要求注明余额方向

凡是需要结出余额的账户，结出余额后，应当在"借或贷"栏内注明"借"或"贷"字样，以表示余额的方向；对于没有余额的账户，应在"借或贷"栏内写"平"字，并在"余额"栏"元"位处用"0"表示。库存现金日记账和银行存款日记账必须逐日结出余额。

### （六）要求账页过次承前

登记账簿时，每张账页登记完毕结转下页时，应当结出本页发生额合计及余额，并在该账页最后一行"摘要"栏内注明"转次页"或"过次页"字样，并将本页发生额合计及余额记入下一页第一行有关金额栏内，并在该行"摘要"栏内注明"承前页"字样，以确保账簿记录的连续性，便于后续对账和结账。

### （七）要求规范错账更正

账簿记录发生错误时，应当根据错误的性质和发现时间的不同，采用规定的方法进行更正，不得使用涂改液、小刀、橡皮等随意涂改、刮擦、挖补或用褪色药水更改字迹。

# 第三节　财务报表的编制与分析

## 一、财务报表的编制

### （一）财务报表编制的概述

按照传统的观点，会计核算是以编制财务报表为其终点的，但在现代市场经济条件下经济的飞速发展造就了对信息的迫切需求。信息量的需求日益增多，信息种类的需求日益广泛，这就要求在恰当的时间内将信息准确、便捷地传递给需要的人。这种外部环境的变化，使财务报表编制与分析工作的必要性和重要性日益显示。

#### 1. 信息、财务信息和财务报告

（1）信息

会计是一个以提供财务信息为主的经济信息体系，是以利用财务信息为管理经济服务的一个重要工具。充分利用财务报表所揭示的信息，为决策提供依据，是会计工作的主要内容。

（2）财务信息

财务信息是经济信息的一种，是经济活动中的有关财务活动（包括财务状况和财务成果）的运动状态、变化和特征的反映。经过验证的财务信息可以对财务活动规律直接描述，并可在财务信息使用者之间交流、传播和利用。

财务信息是由会计加工生成的，包括日常加工和再加工两个过程。会计核算是日常加工过程；编制财务报表和进行财务分析是再加工过程。

（3）财务报告

财务报告又称财务会计报告，是指企业对外提供的反映企业某一特定日期财务状况和某一会计期间经营成果与现金流量等会计信息的书面文件，是企业根据日常的会计核算资料归集、加工和汇总后形成的，是企业会计核算的最终成果。财务报告包括财务报表和其他应当在财务报告中披露的相关信息和资料。

"财务报告"从国际范围来看是较为通用的术语，但是在我国现行有关

法律法规中使用的术语是"财务会计报告"。为了保证法规体系的一致性，《企业会计准则》仍然沿用"财务会计报告"术语，但同时又引入了"财务报告"术语，并指出"财务会计报告又称财务报告"，从而较好地解决了立足国情与国际趋同的问题。

财务报表是财务报告的主体和核心，是企业对外披露会计信息的主要手段，也是财务报告编制的主要内容，但不是财务报告的全部内容。

财务报表附注属于财务报表的一部分，是反映企业财务状况、经营成果和现金流量的补充报表。财务报表附注是对未来能在这些报表中列示的项目，以及为了便于财务报告使用者理解财务报表的内容而对财务报表中列示的项目所做的进一步说明。其主要包括企业的基本情况、财务报告的编制基础、遵循《企业会计准则》的说明、重要财务政策和会计估计、会计政策和会计估计变更，以及差错更正的说明、报表重要项目的说明、分部报告和关联方披露等。

### 2. 财务报表的组成及分类

（1）财务报表的组成

财务报表是对企业财务状况、经营成果和现金流量的结构性表述，至少应当包括资产负债表、利润表、现金流量表、所有者权益（或股东权益）变动表和附注。

（2）财务报表的分类

第一，根据财务报表的服务对象，财务报表可分为内部财务报表和外部财务报表。内部财务报表是指为适应企业内部经营管理需要而编制的不对外公开的财务报表。内部财务报表一般不需要采用统一规定的格式，也没有统一的指标体系。外部财务报表是指企业向外提供的，供与企业有关的外界各关系人使用的财务报表。外部财务报表的种类和格式由财政部制定的《企业会计准则》统一规定。

第二，根据财务报表的编报时间，财务报表可分为中期财务报表和年度财务报表。中期财务报表是以短于一个完整会计年度的时间为基础编制的财务报表，包括月报、季报和半年报。年度财务报表是以一个完整会计年度的时间为基础编制的财务报表。

第三，根据财务报表反映的内容，财务报表可分为静态财务报表和动态财务报表。静态财务报表是反映某一特定时点指标的财务报表，如资产负债表。

动态财务报表是反映某一时期指标的财务报表，如利润表、现金流量表和所有者权益变动表。

第四，根据财务报表的编制主体，财务报表可分为个别财务报表和合并财务报表。个别财务报表是每个企业作为一个会计主体，在企业自身会计核算资料的基础上编制的财务报表。合并财务报表是以母公司和子公司组成的企业集团为会计主体，根据母公司及其所属子公司的个别报表，由母公司编制的综合反映企业集团的财务状况、经营成果和现金流量的财务报表。

### （二）财务报表的编制程序

在会计期末，会计人员完成了对企业日常经济业务的处理后，就着手准备编制规定的财务报表。

第一，日常账务处理。日常账务处理中的绝大多数工作已经在平时经济业务发生时完成，但是也有一些会计核算资料工作是在期末进行的，如计提固定资产折旧、预计应计利息等。这些都是会计要素在正常核算过程中的重要组成部分。

第二，清查资产、核实债务。清查资产、核实债务主要是查明财产物资的实存数与账面数是否一致、各项结算款项的拖欠情况及其原因、材料物资的实际储备情况、各项投资是否达到预期目的等。清查资产、核实债务后，应当将清查、核实的结果及其处理办法向董事会或者相应机构报告，并根据国家统一的会计制度的规定进行相应的账务处理。

第三，对账。对账主要是核对各会计账簿记录内容与会计凭证的内容是否一致，记账方向是否相符。

第四，查账。查账主要包括会计核算是否按照国家统一的会计制度的规定进行；对于没有统一规定核算方法的交易、事项，检查是否按照会计核算的一般原则进行确认和计量，以及相关账务处理是否合理；是否存在因会计差错、会计政策变更等需要调整前期或本期相关项目。

第五，调整账目及更正错账。调整账目及更正错账主要包括对经查实后的资产、负债有变动的，应当按照资产、负债的确认和计量标准进行确认和计量，并按照国家统一的会计制度的规定进行相应的账务处理；在检查账务处理中发现的问题，应当按照国家统一的会计制度的规定进行调整账目及更正错账的处理。

财务人员在进行上述相关的账务处理后，再将处理结果登记入账。

第六，结账。依照规定的结账日结账，结出有关会计账簿的余额和发生额，并核对各会计账簿之间的余额。

### （三）财务报表的编制要求

为了确保企业财务报表的质量，企业在编制财务报表时，应当以持续经营为基础，考虑报表项目的重要性和不同会计期间的一致性；报表中的资产项目和负债项目的金额、收入项目和费用项目的金额一般不得相互抵消；当期财务报表的列报，至少应当提供所有列报项目上一可比会计期间的比较数据。除以上基本列报要求外，在编报技术上应当符合以下几点要求：

一是真实可靠。企业应当根据真实的交易、事项及会计账簿记录等资料填列报表项目，不得虚报或隐瞒。

二是相关可比。企业财务报表所提供的财务会计信息必须与财务报表使用者的决策需要相关，满足报表使用者的需要，并且财务报表数据的口径应当一致，相互可比。

三是内容完整。企业对于财务报表应该填列的报表指标，无论是表内项目还是表外项目，必须全部填列，不得漏报或任意取舍。

四是编报及时。财务报表应当在规定的时间内编报。现行企业会计法规规定，月度财务报表在月度终了后6日内报送，季度财务报表在季度终了后15日内报送，半年度财务报表在年度中期结束后60日内（相当于两个连续的月份）报送，年度财务报表在年度终了后4个月内报送。

五是说明清楚。财务报表应当清晰明了，附注和财务情况说明书应当按照会计法规的规定，对报表中需要说明的事项给出真实、完整、清楚的说明，便于报表使用者理解。

## 二、财务报表的分析

### （一）财务报表分析概述

财务报表分析又称财务分析，是通过收集、整理企业财务会计报告中的有关数据，并结合其他有关补充信息，对企业的财务状况、经营成果和现金流量进行综合比较和评价，为财务会计报告使用者提供管理决策和控制依据的一项管理工作。财务报表分析的对象是企业的各项基本活动。"财务报分析就是从财务报表中获取符合报表使用人分析目的的信息，认识企业活动的特点，评价其业绩，发现其问题"[①]。

## 1. 财务报表分析的意义体现

财务报表能够全面反映企业的财务状况、经营成果和现金流量情况，但是单纯从财务报表上的数据还不能直接或者全面说明企业的财务状况，特别是不能说明企业经营状况的好坏和经营成果的高低。只有将企业的财务指标与有关的数据比较才能说明企业财务的实际状况究竟如何，因此要进行财务报表分析工作。做好财务报表分析工作，可以正确评价企业的财务状况、经营成果和现金流量情况，揭示企业未来的报酬和风险，可以检查企业预算的完成情况，考核经营管理人员的业绩，为建立健全合理的激励机制提供帮助。具体来说，财务报表分析的意义主要有：

（1）与财务部门进行卓有成效的沟通，有利于企业内部的经营管理。企业的管理人员可以利用财务报表提供的资料，检查、分析企业财务计划的完成情况，找到经营管理上的薄弱环节，制定改进措施；同时，企业的管理人员还可以利用财务报表提供的实际数据，预测未来，为企业决策提供必要的数据，为编制下期财务计划提供必要的参考资料。

（2）对企业管理人员的经营绩效作出正确的评估。一般而言，投资者投入企业的经济资源由专职的经营管理人员控制和使用，投资者往往不直接管理企业的生产经营活动，但他可以通过考核和监督经营管理人员的业绩和受托责任的履行情况来维护自身的经济利益，这就需要借助财务报表了解企业的资产是否发生减值和毁损、资本是否实现保值和增值、盈利能力是否达到预定目标等问题。财务报表可以揭示企业的财务状况和会计期间内的经营业绩、现金流量的有关信息，从而对企业管理人员的经营绩效作出正确的评估。

（3）从财务角度出发，为决策者提供支持，帮助其进行投资和信贷决策。在市场经济条件下，企业生产经营所需的各项资金主要来自投资者的投资和债权人的贷款，投资和信贷都伴随着与其收益相当的风险。投资者在作出投资决策前，必须了解企业的资金运用情况，合理预测企业的经营前景与盈利能力，保证获得合理的投资回报。债权人在作出贷款决策前，必须预测企业的短期和长期偿债能力与支付能力，保证到期能及时、全额收回本息。投资者和债权人获得上述信息的最有效的方法就是利用企业编制的财务报表。

---

① 毛金芬. 财务报表分析 [M]. 苏州：苏州大学出版社，2020：2.

（4）可以快速识别财务数据中可能存在的造假成分，加强对企业的领导和监督。企业的主管部门可以利用财务报表掌握企业的经营情况，检查企业对国家有关法规、方针政策的执行情况，引导企业发展，适度地对企业进行间接调控；财税部门可以利用财务报表检查企业税款的计算是否正确，是否及时、足额上缴国家；银行部门可以利用财务报表检查、分析企业贷款的使用情况，判断企业是否能到期足额偿还本息。

（5）从现金流量表分析企业的利润水平，了解和评价公司获取现金和现金等价物的能力，并据以预测公司未来现金流量。

（6）分析资产负债表，可以了解公司的财务状况，对公司的偿债能力、资本结构是否合理、流动资金是否充足等作出判断。

（7）通过分析损益表，可以了解公司的盈利能力、盈利状况、经营效率，对公司在行业中的竞争地位、持续发展能力作出判断。

## 2. 财务报表分析的主要内容

财务报表是企业财务状况、经营成果和现金流量的结构性描述，它提供了最重要的财务信息，但是财务报表分析绝不是直接使用报表上的数据计算一些比率，然后得出分析结论，而应当先尽力阅读财务报表及其附注，明确每个项目数据的含义和编制过程，掌握报表数据的特性和结构。对财务报表的分析一般分为三个部分：

第一，财务报表质量分析。财务报表质量分析就是对财务状况质量、经营成果质量和现金流量质量进行分析，关注报表中数据与企业实际经营状况的吻合程度、不同期间数据的稳定性、不同企业数据总体的分布状况等。

第二，财务报表趋势分析。在取得多期比较财务报表的情况下，可以进行趋势分析。趋势分析是企业依据其连续期间的财务报表，以某一年或某一期间（称为基期）的数据为基础，计算每期各项目相对基期同一项目的变动状况，观察该项目数据的变化趋势，揭示各期企业经济行为的性质和发展方向。

第三，财务报表结构分析。财务报表结构是指报表各内容之间的相互关系。通过结构分析，可以从整体上了解企业财务状况的组成、利润形成的过程和现金流量的来源，深入探究企业财务结构的具体构成因素及原因，有利于更准确地评价企业的财务能力。例如，通过观察流动资产在总资产中的比率，可以了解企业当前是否面临较大的流动性风险，是否对长期投资投入过少，是否影响了资产整体的盈利能力等。

### 3. 财务报表分析的具体要求

企业财务信息是进行财务报表分析的基础，没有及时、完备、准确的信息，要保证财务报表分析的正确性是不可能的。为了保证财务报表分析的质量与效果，企业财务信息必须满足以下要求：

（1）财务信息的完整性、系统性

所谓财务信息的完整性，是指财务信息必须在数量上和种类上满足财务报表分析的需要。缺少分析所需要的某方面信息，势必影响分析结果的正确性。财务信息的系统性，一方面是指财务信息要具有连续性，尤其是定期财务信息，一定不能当期分析结束后就将信息丢掉，而应保持信息的连续性，为趋势分析奠定基础；另一方面是指财务信息的分类和保管要有科学性，以方便不同目的的财务分析的需要。

（2）财务信息的准确性、及时性

财务信息的准确性是保证财务分析结果正确性的关键，分析者基本上不可能从不准确的财务信息中得出正确的分析结论。财务分析的正确性既受信息本身准确性的影响，又受资料整理过程准确性或信息使用准确性的影响。分析者尤其要对企业外部信息的范围、计算方法等有全面准确的了解，在分析时应结合企业具体情况进行数据处理，否则可能影响分析的质量。财务信息的及时性是指根据不同的财务分析目的和要求，能及时提供分析所需的信息。定期财务信息的及时性决定着定期财务分析的及时性。只有及时编报财务报表，才能保证财务报表分析的及时性。对于不定期财务信息也要注意及时收集和整理，以便在需要时能及时提供，保证满足临时财务分析的需要。特别是对有关决策性的分析而言，财务分析的及时性尤其重要，因为如果错过了时机，分析就失去了意义。

（3）财务信息披露的充分性、相关性。

企业对外披露的会计信息具有某些类似"公共产品"的性质，而公共产品往往存在市场供给不足或市场短缺的问题，解决这一问题的途径便是通过监管加以干预。在会计信息披露过程中，居于主导地位、常为人们所关注的是作为供给方的企业，但在规范企业财务报告行为的同时，也不能忽视会计信息使用者的需求。来自需求方的反馈信息不但为强制披露指明了方向，而且也会影响企业自愿披露的会计信息的内容和数量。只有把供给方和需求方联合起来加以考虑，才能使输出的会计信息是有效信息，也就是说，会计信息披露的第一要求是解决会计信息的供给与需求，会计信息披露的第二要求是考虑有效信息的收益与成本原则。有效信息的收益，一是针对资本市场，也就是说有效信息能够改善资本配置的效果，使用户重新快速地配置资源，从而提高整个社会的福利；二是保护消费者和公众的利益，有利于社会，有利于考核一个企业对受托社会责任的履行情况。有效信息的成本，是指披露信息的企业成本，包括处理和提供信息的成本、诉讼、成本劣势竞争的影响等。完善的信息披露制度、体制是搞好财务报表分析的重要前提条件，因此，要建立、健全信息市场，完善信息网络，使财务信息使用者能充分、及时地取得各种会计信息。

财务信息的相关性包含两层含义：一是知道各种财务信息的用途，如资产负债表能提供哪些信息，用这些信息可进行什么分析，利润表的信息可用于何种分析等；二是知道要达到一定的分析目的需要什么信息，如进行企业偿债能力分析需要的主要信息是资产负债表，进行盈利能力分析需要的主要信息是利润表。只有明确了这两点，才能保证会计信息收集与整理的准确性、及时性。

### （二）财务报表分析的方法

财务报表分析的主要依据是财务报表的数据资料，但是以金额表示的各项会计资料并不能说明除本身以外的更多的问题。因此，必须根据需要采用一定的方法，将这些会计资料加以适当的重新组合或搭配，剖析其相互之间的因果关系或关联程度，观察其发展趋势，推断其可能导致的结果，从而达到分析的目的。

### 1. 比重法

比重法是在同一会计报表的同类项目之间，通过计算同类项目在整体中的权重或份额以及同类项目之间的比例，来揭示它们之间的结构关系，它通常反映会计报表各项目的纵向关系。使用比重法时，应注意只在同类性质的项目之间使用，即进行比重计算的各项目具有相同的性质。性质不同的项目进行比重分析是没有实际意义的，也是不能计算的。如计算某一负债项目与总资产的比重，一是负债不是资产的构成要素，因而，理论上讲，就不能说资产中有多少负债，也不能计算负债对资产的权重。只有同类性质的项目才可计算权重。二是以某一负债项目除以总资产，也很难说明这一负债的偿债能力。总资产不仅要用于偿还这一负债，而且要偿还所有负债。最终这一负债能否偿还，还要看资产与它的对称性。如果资产用于偿还其他债务后，没有多余，或虽有多余，但在变现时间上与偿债期不一致，这一负债都是不能被偿还的。

在会计报表结构分析中，比重法可以用于计算：各资产占总资产的比重；各负债占总负债的比重；各所有者权益占总所有者权益的比重；各项业务或产品利润、收入、成本分别占总利润、总收入和总成本的比重；单位成本各构成项目占单位成本的比重；各类存货占总存货的比重；利润分配各项目占总分配额或利润的比重；资金来源或资金运用各项目占总资金来源或总资金运用的比重等等。

## 2. 相关比率法

相关比率法是通过计算两个不同类但具有一定依存关系的项目之间的比例，来揭示它们之间的内在结构关系，它通常反映会计报表各项目的横向关系。在会计报表结构分析中，应在两个场合适用相关比率法：同一张会计报表的不同类项目之间，如流动资产与流动负债；不同会计报表的有关项目之间，如销售收入与存货。整体而言，相关比率法中常用的比率有以下几种：

（1）反映企业流动状况的比率，也称短期偿债能力比率。它主要是通过流动资产和流动负债的关系来反映，包括流动比率和速动比率。

流动比率是流动资产除以流动负债的比值，其计算公式为：

流动比率 = 流动资产 ÷ 流动负债

流动比率表明公司每一元流动负债有多少流动资产作为偿付保证，比率越大，说明公司对短期债务的偿付能力越强。

比流动比率更进一步的有关变现能力的比率指标为速动比率，速动比率是从流动资产中扣除存货部分，再除以流动负债的比值。速动比率的计算公式为：

速动比率 = （流动资产 - 存货）÷ 流动负债

速动比率也是衡量公司短期债务清偿能力的指标。速动资产是指那些可以立即转换为现金来偿付流动负债的流动资产，所以速动比率比流动比率更能够表明公司的短期债务偿付能力。

（2）反映企业资产管理效率的比率，也称资产周转率。它是通过周转额与资产额的关系来反映的，主要包括应收账款周转率、存货周转率、固定资产周转率等。

（3）反映企业权益状况的比率，对企业的权益主要是债权权益和所有者权益。债权权益使得企业所有者能够以有限的资本金取得对企业的控制权；而所有者权益资本越多，则其债权就越有保证，否则债权人就需负担大部分的经营风险。因此，对于债权权益的拥有者来说，最关心的是总资产中负债的比率；对于所有者权益的拥有者来说，最关心的是其投资收益状况，主要包括价格与收益比率、市盈率、股利分配率、股利与市价比率、每股市价与每股账面价值比率等。

（4）反映企业经营成果的比率，也称盈利能力比率。它是通过企业的利润与周转额和投入成本或占用资产关系来反映的。

（5）反映企业偿付债务费用的比率，也称资金来源和资金运用的比率。它通过企业长期资金来源数与相应的运用数，以及短期资金来源数与相应的运用数的比较，评估两方的相称性，揭示营运资本增加的结构性原因。

### 3. 比较分析法

比较分析法是通过主要项目或指标数值的变化对比，确定出差异，分析和判断企业的经营及财务状况；通过比较，发现差距，寻找产生差异的原因，进一步判定企业的经营成绩和财务状况；通过比较，要确定企业生产经营活动的收益性和企业资金投向的安全性，说明企业是否在健康地向前发展；通过比较，既要看到企业的不足，也要看到企业的潜力。比较的对象一般有计划数、上一期数、历史最高水平、国内外先进行业水平、主要竞争对手情况等。比较分析法在财务报表分析中的作用主要表现在：通过比较分析，可以发现差距，找出产生差异的原因，进一步判定企业的财务状况和经营成果；通过比较分析，可以确定企业生产经营活动的收益性和资金投向的安全性。按比较对象的不同，比较分析法可以分为绝对数比较分析、绝对数增减变动比较分析、百分比增减变动分析。

（1）绝对数比较分析法。绝对数比较分析法是将各有关财务报表项目的数额与比较对象进行比较。绝对数比较分析一般通过编制比较财务报表进行，包括比较资产负债表和损益表。比较资产负债表是将两期或两期以上的资产负债表项目予以并列，以直接观察资产、负债及所有者权益每一项目增减变化的绝对数。比较损益表是将两期或两期以上的损益表各有关项目的绝对数予以并列，直接分析损益表内每一项目的增减变化情况。

（2）绝对数增减变动比较分析法。仅通过上述绝对数字对资产负债表、利润表和现金流量表进行比较，财务报表的使用者很难获得各项目增减变动的明确概念，为了使比较进一步明晰化，可以在比较财务报表内，增添绝对数字"增减金额"一栏，以便计算比较对象各有关项目之间的差额，借以帮助财务报表使用者获得比较明确的增减变动数字。

（3）百分比增减变动分析法。通过计算增减变动百分比，并列示于比较财务报表中，可以反映其不同年度增减变动的相关性，使财务报表使用者更能一目了然，便于更好地了解有关财务情况。

使用比较分析法时，要注意对比指标之间的可比性，这是用好比较分析法的必要条件，否则就不能正确地说明问题，甚至得出错误的结论。所谓对比指标之间的可比性，是指相互比较的指标，必须在指标内容、计价基础、计算口径、时间长度等方面保持高度的一致性。如果是企业之间进行同类指标比较，还要注意企业之间的可比性。此外，计算相关指标变动百分比虽然能在一定程度上反映企业相关财务指标的增长率，但也有局限性，这主要是因为变动百分比的计算受基数的影响，具体表现在以下几个方面：一是如果基数的金额为负数，将出现变动百分比的符号与绝对增减金额的符号相反的结果。二是如果基数的金额为零，不管实际金额是多少，变动百分比永远为无穷大。三是如果基数的金额太小，则绝对金额较小的变动可能会引起较大的变动百分比，容易引起误解。解决变动百分比上述问题的办法是：如果基数为负数，则取按公式计算出的变动百分比的相反数；如果基数为零或太小，则放弃使用变动百分比分析法，仅分析其绝对金额变动情况。

### 4. 趋势分析法

趋势分析法是根据企业连续几年的会计报表，比较有关项目的数额，以求出其金额和百分比增减变化的方向和幅度，并通过进一步分析，预测企业的财务状况和经营成果的变动趋势，这是财务报表分析的一种比较重要的分析方法。趋势分析法的主要目的是：了解引起变动的主要项目；判断变动趋势的性质是有利还是不利；预测未来的发展趋势。

### 5. 水平分析法

水平分析法是指仅就同一会计期间的有关数据资料所做的财务分析，其作用在于客观评价当期的财务状况、经营成果以及现金流量的变动情况。但这种分析所依据的资料和所得的结论并不能说明企业各项业务的成绩、能力和发展变化情况。

### 6. 垂直分析法

垂直分析法是指将当期的有关会计资料和上述水平分析中所得的数据，与本企业过去时期的同类数据资料进行对比，以分析企业各项业务、绩效的成长及发展趋势。通过垂直分析可以了解企业的经营是否有发展进步及其发展进步的程度和速度。因此，必须把上述的水平分析与垂直分析结合起来，才能充分发挥财务分析的积极作用。

### 7. 连环替代法

连环替代法是将分析指标分解为各个可以计量的因素，并根据各个因素之间的依存关系，依次用各因素的比较值（通常即实际值）代替基准值（通常为标准值或计划值），据以测定各因素对分析指标的影响。

（1）该方法一般可以分为以下五个步骤

第一，确定分析对象，求出实际值与基准值的差异数。

第二，确定分析对象指标与其影响因素之间的数量关系，建立函数模型。

第三，按照从基准值到实际值的顺序依次替换各个变量，并计算出替代结果。

第四，根据各因素替代的结果，进行比较分析得出各个因素的影响程度。

第五，检验。将各因素分析指标的影响变动额相加，其代数和应等于分析对象的差额。

如果二者相等，说明分析结果可能是正确的；如果二者不等，则说明分析结果是错误的。

连环替代法的计算步骤是连环性的，不能跳跃，否则会影响计算结果。

构建函数计算模型：

假定某财务指标 N 由 A、B、C 三个因素的乘积构成，其基准指标与实际指标关于三个因素的关系为：

$$基准指标：N_0 = A_0 \times B_0 \times C_0$$

$$实际指标：N_1 = A_1 \times B_1 \times C_1$$

首先，确定分析对象为：实际指标 − 基准指标 = $N_1 - N_0$

其次，将基准指标中的所有影响因素依次用实际指标进行替换，计算过程如下：

基准指标：$N_0 = A_0 \times B_0 \times C_0$　　　　　①

第一次替换：$N_2 = A_1 \times B_0 \times C_0$　　　　②

②－① $= N_2 - N_0$，即为 $A_0$ 变为 A，对财务指标 N 的影响值。

第二次替换：$N_3 = A_1 \times B_1 \times C_0$　　　　③

③－② $= N_3 - N_2$ false，即为 $B_0$ 变为 B，对财务指标 N 的影响值。

第三次替换：$N_1 = A_1 \times B_1 \times C$　　　　　④

④－③ $= N_1 - N_3$，即为 $C_0$ 变为 $C_1$，对财务指标 N 的影响值。

将以上各个因素变动的影响加以综合，其影响值等于实际指标与基准指标的差异数，即

$$(N_2 - N_0) + (N_3 - N_2) + (N_1 - N_3) = N_1 - N_0$$

（2）运用连环替代法必须注意的几个问题

第一，因素分解的关联性。确定各经济指标因素必须在客观上存在着因果关系，经济指标体系的组成因素，要能够反映形成该指标差异的内在构成原因，只有将相关因素与分析对象建立关系时才有意义，否则就失去了其存在的价值，不仅分析无法进行，即使有分析结果，也不能对生产经营活动起到指导作用，也就是说经济意义上的因素分解与数学意义上的因素分解不同，不是在数学算式上相等就行，而是要看其经济意义。例如，将影响材料费用的因素分解为下面两个等式从数学上看都是成立的。

材料费用＝产品产量 × 单位产品材料费用

材料费用＝工人人数 × 每人消耗材料费用

但从经济意义上说，只有前一个因素分解式是正确的，后一个因素分解

式在经济上没有任何意义。因为工人人数和每人消耗材料费用到底是增加有利还是减少有利，这个式子无法说清楚。

第二，因素替代的顺序性。如前所述，因素分解不仅要因素确定准确，而且因素排列顺序也不能交换，这里特别要强调的是不存在乘法交换律问题。如何确定正确的替代顺序，是一个理论上和实践中都没有得到很好解决的问题。传统的方法是先数量指标，后质量指标；先实物量指标，后价值量指标；先主要因素，后次要因素；先分子，后分母。但需要说明的是，无论采用哪种排列方法，都缺乏坚实的理论基础。一般地说，替代顺序在前的因素对经济指标影响的程度不受其他因素影响或影响较小，排列在后的因素中含有其他因素共同作用的成分。从这个角度看，为分清责任，将对分析指标影响较大的并能明确责任的因素放在前面可能会好一些。

第三，顺序替代的连环性。在运用连环代替法进行因素分析时，计算每一个因素变动的影响都是在前一次计算的基础上进行的，并且是采用连环比较的方法确定因素变化的影响结果。因为只有保持在计算程序上的连环性，才能使各个因素影响之和等于分析指标变动的差异，也就是每次替代所形成的新的结果，要与前次替代的结果比较（环比）而不能都与基期指标相比（定基比），否则不仅各个因素影响程度之和不等于总差异，而且计算出的各个因素影响也与现实相距甚远，这是因为每次替代的结果同时掺杂了其他因素的影响。

第四，计算结果的假定性。由于因素分析法计算的各个因素变动的影响数，会因替代计算顺序的不同而有一定的差别，因而计算结果难免带有假定性，即它不可能使每个因素的计算结果都达到绝对的准确，而且现实中各个因素是同时发生影响，而不是先后发生影响的，我们确定的顺序只是假定某个因素先发生，某个因素后变化。它只是在某种假定前提下的影响结果，离开了这种假定前提条件，也就不会是这种影响结果。为此，分析时应力求使这种假定合乎逻辑，并具有实际的经济意义。这样计算结果的假定性才不至于妨碍分析的有效性。

### （三）财务报表分析的基本步骤

财务报表分析的关键是搜寻到足够的、与决策相关的各种财务资料，进行分析并解释这些资料间的关系，发现报表异常的线索，作出确切的判断，得出正确的分析结论。根据这一思路，财务报表分析的步骤可以概括为：

一是收集与决策相关的各项重要财务资料，包括定期财务报告、审计报告、招股说明书、上市公告书和临时报告、相关产业政策、行业发展背景、税收政策等。

二是整理并审查所收集的资料，通过一定的分析手段提示各项信息间隐含的重要关系，发现分析的线索。

三是研究重要的报表线索，结合相关的资讯，分析内在关系，解释现象，推测经济本质。

四是作出判断，为决策提供依据。

# 第四章  内部控制的理论框架分析

## 第一节  内部控制的产生与发展

现代意义上的内部控制是在长期的经营实践过程中，随着组织（单位）对内加强管理和对外满足社会需要而逐渐发展起来的自我检查、自我调整和自我制约的系统，其中凝聚了世界上古往今来的管理思想和实践经验。内部控制在西方国家已经有比较长的发展历史，根据内部控制在不同发展阶段的特征，可以将内部控制的发展分为四个阶段，即内部牵制阶段、内部控制制度阶段、内部控制结构阶段、内部控制整体框架阶段。

### 一、内部控制萌芽期——牵制阶段

在 20 世纪 40 年代前，人们习惯用内部牵制（internal check）这一概念。这是内部控制的萌芽阶段。《柯氏会计辞典》对内部牵制的定义是以提供有效的组织和经营方式，防止错误和非法业务发生的业务流程设计。其主要特点是以任何个人或部门不能单独控制任何一项或一部分业务权利的方式进行组织上的责任分工，每项业务通过正常发挥其他个人或部门的功能进行交叉检查（cross-checked）或交叉控制（cross-controlled）。设计有效的内部牵制以便使各项业务能完整正确地经过规定的处理程序，而在这些规定的处理程序中，内部牵制机能永远是一个不可缺少的组成部分。

20 世纪 40 年代后期，内部牵制理论成为企业重要管理方法和概念。内部牵制是以"查错防弊"为目的，以职务分离和账目核对为手段，以钱物和账目等会计事项为主要控制对象的初级控制措施。其特点是以账户核对和职务分工为主要内容从而进行交叉检查或交叉控制。一般来说，内部牵制机能的执行大致又可分为以下四类：①实物牵制。②机械牵制。③体制牵制。④簿记牵制。内部牵制的基本思想是"安全是制衡的结果"，它基于两个设想：一是两个或以上人或部门无意识地犯同样错误的机会是很小的；二是两个或以上的人或部门有意识地合伙舞弊的可能性大大低于单独一个人或部门舞弊的可能性。实践证明这些设想是合理的，内部牵制机制有关组织机构控制、职务分离控制是现代内部控制理论的基础。

## 二、内部控制产生期——制度阶段

20 世纪 40 年代末至 70 年代初，在内部牵制思想的基础上，产生了内部控制制度的概念，这是现代意义上内部控制产生的阶段。工业革命极大地推动了生产关系的重大变革，股份制公司逐渐成为西方各国主要的企业组织形式，为了适应当时社会经济关系的要求，保护投资者和债权人的经济利益，西方各国纷纷以法律的形式要求强化对企业财务会计资料以及这种经济活动的内部管理。

1934 年美国政府出台的《证券交易法》中首次提出了"内部会计控制"（internal accounting control system）的概念，推行一般与特殊授权、交易记录、账面记录与事务资产对比等差异补救措施。1949 年美国注册会计师协会（AICPA）所属的审计程序委员会（CPA）在《内部控制：系统协调的要素及其对管理部门和独立注册会计师的重要性》的报告中，首次正式提出了内部控制的定义："内部控制包括组织机构的设计和企业内部采取的所有互相协调的方法和措施。这些方法和措施都用于保护企业的财产，检查会计信息的准确性，提高经营效率，推动企业坚持执行既定的管理方针。"该定义提出了从制定与完善内部控制的组织、计划、方法与措施等规章制度来实现内部控制，突破了与财务会计部门直接有关的控制的局限，明确了内部控制的四个目标，即企业在商业活动中保护资产、检查财务数据的准确性和可靠性、提高工作效率以及促进遵守既定管理规章。该定义的积极意义在于有助于管理当局加强其管理工作，但局限性是涉及的范围过于宽广。1958 年该委员会发布的第 29 号审计程序公报《独立审计人员评价内部控制的范围》中，根据审计责任的要求，将内部控制分为两个方面进行，即内部会计控制（internal accounting control）和内部管理控制（internal administrative control）。前者主要涉及内部控制的前两个目标，后者主要涉及内部控制的后两个目标。这就是内部控制"制度二分法"的由来。由于管理控制的概念比较空泛和模糊，在实际业务中内部管理控制与内部会计控制的界限难以明确划清。为了明确两者之间的关系，1972 年美国注册会计师协会在《审计准则公告第 1 号》中，重新阐述了内部管理控制和内部会计控制的定义："内部管理控制包括但不仅仅只限于组织机构的计划，以及与管理部门授权核准经济业务决策步骤上的有关程序和记录。这种对事项核准的授权活动是管理部门的职责，它直接与管理部门执行该组织的经营目标有关，是对经济业务进行会计控制的起点。"同时，明确了内部会计控制度的重要内容包括与保护资产、保证财务记录可信性相关的机构计划、程序和记录。经过一系列的修改和重新定义，内部控制的含义较以前更为明晰和规范，涵盖范围日趋广泛，并引入了内部审计的理念，得到了世界范围内的认可和引用，内部控制制度由此而生。

### 三、内部控制发展期——结构阶段

内部控制结构理论形成于 20 世纪 80 年代至 90 年代初期，这一阶段西方会计审计界，对内部控制的研究重点逐步从一般含义向具体内容深化。在这一时期，系统管理理论成为新的管理理念认为：世界上任何实物都是由要素构成的系统，由于要素之间存在着复杂的非线性关系，系统必然具有要素所不具有的新特性。因此，应立足于整体来认识要素之间的关系。系统管理理论将企业组织当作一个由子系统组成的有机系统进行管理，注重各子系统间的协调及与环境的互动关系。在现代公司制和系统管理理论的理念下，前期的内部控制制度已经不能满足需要。1988 年美国注册会计师协会发布《审计准则公告第 55 号》，在该公告中，首次以"内部控制结构"（internal control stracture）一词取代原有的"内部控制"一词，并指出："企业的内部控制结构包括为提供取得企业特定目标的合理保证而建立的各种政策和程序"。该公告认为内部控制结构由"控制环境、会计系统（会计制度）、控制程序"三个要素组成，将内部控制看作是由这三个要素组成的有机整体，提高了对内部控制环境的重视。

控制环境（control environment），反映董事会、管理者、业主和其他人员对控制的态度和行为。具体包括：管理哲学和经营作风、组织结构、董事会及审计委员会的职能、人事政策和程序、确定职权和责任的方法、管理者监控和检查工作时所用的控制方法，包括经营计划、预算、预测、利润计划、责任会计和内部审计等。

会计系统（accounting system），规定各项经济业务的确认、归集、分类、分析、登记和编报方法。一个有效的会计制度包括以下内容：鉴定和登记一切合法的经济业务；对各项经济业务适当进行分类，作为编制报表的依据；计量经济业务的价值以使其货币价值能在财务报表中记录；确定经济业务发生的事件，以确保它记录在适当的会计期间；在财务报表中恰当地表述经济业务及有关的揭示内容。

控制程序（control procedures），指管理当局制定的政策和程序，以保证达到一定的目的。它包括：经济业务和活动批准权；明确各员工的职责分工；充分的凭证、账单设置和记录；资产和记录的接触控制；业务的独立审核等。

内部结构控制以系统管理理论为主要控制思想，重视环境的因素视其为内部控制的重要组成部分，将控制环境、会计制度、控制程序三个要素纳入内部控制范畴；不再区分会计控制与管理控制，而统一以要素表述内部控制，认为两者是不可分割、相互联系的。

## 四、内部控制成熟期——整体框架阶段

进入 20 世纪 90 年代后，对内部控制的研究进入一个新的阶段。随着企业公司治理机构的完善、电子化信息技术的发展，为了适应新的经济和组织形式，运用新的管理思想，"内部控制结构"发展为"内部控制整体框架"。1992 年，美国著名的内部控制研究机构"发起组织委员会"（COSO）发布了具有里程碑意义的专题报告——《内部控制－整体框架（Internal Control-Integrated Framework）》，也称为 COSO 报告，制订了内部控制制度的统一框架。该报告于 1994 年进行了增补，得到了国际社会和各种职业团体的广泛承认，具有广泛的适用性。COSO 报告是内部控制理论研究的历史性突破，它首次提出内部控制体系概念，将内部控制由原来的平面结构发展为立体框架模式，代表着当时国际上内部控制研究方面的最高水平。

COSO 报告将内部控制定义为："由企业的管理人员设计的，为实现营业的效果和效率、财务报告的可靠及合法合规目标提供合理保证，通过董事会、管理人员和其他职员实施的一种过程。"通过定义可以看出，COSO 报告认为内部控制是一个过程，会受到企业不同人员的影响；同时，内部控制也是一个为实现该组织经营目标提供合理保障所设计并实施的程序。COSO 报告提出了内部控制的三大目标和五大要素。三大目标是经营目标、信息目标和合规目标。其中，经营目标是指内部控制要确保企业经营的效率和有效性；信息目标是指内部控制要保证企业财务报告的可靠性；合规目标是指内部控制要遵守相应的法律法规企业的规章制度。

COSO 报告认为，内部控制由五个相互联系的要素组成并构成了一个系统，这五个组成要素是：控制环境、风险评估、控制活动、信息与沟通、监控。

控制环境（control environment）：它是指职员履行其控制责任、开展业务活动所处的氛围。包括员工的诚实性和道德观、员工的胜任能力、董事会或审计委员会、管理哲学和经营方式、组织结构、授予权利和责任的方式、人力资源政策和实施。

风险评估（risk assessment）：它是指管理层识别并采取相应行动来管理对经营、财务报告、符合性目标有影响的内部或外部风险，包括风险识别和风险分析。风险识别包括对外部因素（如技术开发、竞争、经济变化）和内部因素（如员工素质、公司活动性质、信息系统处理的特点）进行检查。风险分析涉及估计风险的重大程度、评估风险发生的可能性、考虑如何管理风险等。

控制活动（control activities）：它是指企业制订并予以执行的政策和程序，对所确认的风险采取必要措施，以保证单位目标得以实现。实践中，控制活动形式多样，通常有以下几类：业绩评价、信息处理、实物控制、职责分离。

信息与沟通（information and communication）：它是指为了使职员能执行其职责，为员工提供在执行、管理和控制作业过程中所需的信息以及信息的交换和传递，企业必须识别、捕捉、交流外部和内部的信息。外部信息包括市场份额、法规要求和客户投诉等信息。内部信息包括会计制度，即由管理当局建立的记录和报告经济业务和事项，维护资产、负债和业主权益的方法和记录。沟通是使员工了解其职责，保持对财务报告的控制。沟通的方式有政策手册、财务报告手册、备查簿，以及口头交流或管理示例等。

（monitoring）：它是指评估内部控制运作质量的过程，即对内部控制改革、运行及改进活动评价。包括内部审计和外部审计、外部交流等。

内部控制系统的五大要素实际上内容广泛，相互关联相互影响。控制环境是其他控制要素实施的基础；控制活动必须建立在对企业可能面临的风险有细致的了解和评估的基础之上；而风险评估和控制活动必须借助企业内部信息的有效沟通；最后，有效的监控是保障内部控制实施质量的手段。三大目标与五大要素为内部控制系统理论的形成和发展奠定了基础，其指导思想充分体现了现代企业的管理思想，即安全是系统管理的结果。COSO 报告强调内部控制是由五大要素组成的整合框架和体系，为内部控制体系框架的建立、运行和维护奠定了基础。

综上所述，由于社会、经济、管理环境的变化，内部控制的职能也随着变化，从而引导内部控制理论的演化。从内部控制理论的发展历史可以看出，内部控制的变革往往源于组织管理的要求，从农业经济到工业经济，管理手段及工具的创新为内部控制带来发展的动力。从以内部牵制为中心、通过组织内部各子系统相互控制关系实现的内部控制，到以 COSO 为代表的、以预防和防止管理漏洞为目标、通过组织控制与信息系统，实现系统整体优化的现代意义上的内部控制理论，从时间上将，分别对应于两次经济革命。因此，在研究分析国外内部控制理论发展与演进轨迹时，需要结合当时的社会经济环境和企业组织管理要求，这样才能更加深刻的理解内部控制理论发展的本质。

# 第二节　内部控制的目标与原则

## 一、内部控制的主要目标

内部控制的目标即企业希望通过内部控制的设计和实施来取得的成效，主要表现为业绩的提高、财务报告信息质量的提高、违规行为发生率的降低等。确立控制目标并逐层分解目标是控制的开始，内部控制的所有方法、程序和措施都是围绕着目标而展开；如果没有了目标，内部控制就会失去方向。

我国《企业内部控制基本规范》中规定，内部控制的目标是合理保证企业经营管理合法合规、资产安全、财务报告及相关信息真实完整，提高经营效率和效果，促进企业实现发展战略，上述目标是一个完整的内部控制目标体系不可或缺的组成部分，然而，由于所处的控制层级不同，各个目标在整个目标体系中的地位和作用也存在着差异。

### （一）合规的目标

合规目标是指内部控制要合理保证企业在国家法律和法规允许的范围内开展经营活动，严禁违法经营。企业的终极目标是为了生存、发展和获利，但是如果企业盲目追求利润，无视国家法律法规，必将为其违法行为付出巨大的代价。一旦被罚以重金或者被吊销营业执照，那么其失去的就不仅仅是利润，而是持续经营的基础。因此，合法合规是企业生存和发展的客观前提，是内部控制的基础性目标，是实现其他内控目标的保证。

内部控制作为存在于企业内部的一种制度安排，可以将法律法规的内在要求嵌入到内部控制活动和业务流程之中，从最基础的业务活动上将违法违规的风险降低到最小限度，从而合理保证企业经营管理活动的合法性与合规性。

## （二）资产安全的目标

资产安全目标主要是为防止资产损失。保护资产的安全与完整，是企业开展经营活动的基本要求。资产安全目标有两个层次：一是确保资产在使用价值上的完整性，主要是指防止货币资金和实物资产被挪用、转移、侵占、盗窃，防止无形资产被侵权、侵占等。二是确保资产在价值量上的完整性，主要是防止资产被低价出售，损害企业利益。同时要充分提高资产使用率，提升资产管理水平，防止资产价值出现减损。为了保障内部控制、实现资产安全目标，必须建立资产的记录、保管和盘点制度，确保记录、保管与盘点岗位的相互分离，并明确职责和权限范围。

内部控制的基本思想在于制衡，因为有了制衡，两个人同时犯同一错误的概率大大减少，从而加大了不法分子实施犯罪计划、进行贪污舞弊行为的难度，进而保护企业的资产不被非法侵蚀或占用，保障企业正常经营活动的顺利开展，为实现合理保证资产安全的控制目标，企业需要广泛运用职责分离、分权牵制等体现制衡要求的控制措施。

## （三）报告的目标

报告目标是指内部控制要合理保证企业提供真实可靠的财务信息及其他信息。内部控制的重要控制活动之一是对财务报告的控制。财务报告及相关信息反映了企业的经营业绩，以及企业的价值增值过程，揭示了企业的过去和现状，并可预测企业的未来发展方向，是投资者投资决策、债权人进行信贷决策、管理者进行管理决策和相关经济主管部门制定政策和履行监管职责的重要依据。此外，财务报表及其相关信息的真实披露还可以将企业诚信、负责的形象公之于众，有利于市场地位的稳固与提升以及企业未来价值的增长。从这个角度来看，报告目标的实现程度又会在一定程度上影响经营目标的实现程度。

要确保财务报告及相关信息的真实完整，一方面应按照企业会计准则的相关要求如实地核算经济业务、编制财务报告，满足会计信息的一般质量要求。

另一方面则应该通过内部控制制度的设计，包括不相容职务分离、授权审批控制、日常信息核对等，来防止提供虚假会计信息。

### （四）经营的目标

提高经营的效率和效果（即有效性）是内部控制要达到的最直接也是最根本的目标。企业存在的根本目的是在于获利，而企业能否获利往往直接取决于经营的效率和效果如何。企业所有的管理理念、制度和方法都应该围绕着提高经营的效率和效果来设计、运行并适时地调整，内部控制制度也不例外。内部控制的核心思想是相互制衡，而实现手段则是一系列详尽而复杂的流程，这似乎与提高效率的目标相悖，实则不然。内部控制是科学化的管理方法和业务流程，其本质是对于风险的管理和控制，它可以将对风险的防范落实到每个细节和环节当中，真正地做到防微杜渐，使企业可以在低风险的环境中稳健经营。而忽视内部控制的经营管理，貌似效率很高，实则处于高风险的经营环境，一旦不利事项发生，轻则对企业产生重创，重则导致企业衰亡。

良好的内部控制可以从以下四个方面来提高企业的经营效率和效果：一是组织精简，权责划分明确，各部门之间、工作环节之间要密切配合，协调一致，充分发挥资源潜力，充分有效地使用资源，提高经营绩效；二是优化与整合内部控制业务流程，避免出现控制点的交叉和冗余，也要防止出现内控盲点，要设计最优的内控流程并严格执行，最大限度地提高执行效率；三是建立良好的信息和沟通体系，可以使会计信息以及其他方面的重要经济管理信息快速地在企业内部各个管理层次和业务系统之间有效地流动，提高管理层的经济决策和反应的效率；四是建立有效的内部考核机制，对绩效的优劣进行科学的考核，可以实行企业对部门考核、部门对员工考核的多级考核机制，并将考核结果落实到奖惩机制中去，对部门和员工起到激励和促进的作用，提高工作的效率和效果。

### （五）战略的目标

促进企业实现发展战略是内部控制的最高目标，也是终极目标。战略与企业目标相关联，是管理者为实现企业价值最大化的根本目标而针对环境作出的一种反应和选择。如果说提高经营的效率和效果是从短期利益的角度定位的内部控制目标，那么促进企业实现发展战略则是从长远利益出发的内部控制目标。战略目标是总括性的长远目标，而经营目标则是战略目标的短期化与具体化，内部控制要促进企业实现发展战略，必须立足于经营目标，着力于经营效率和效果的提高。只有这样，才能够提高企业核心竞争力，促进发展战略的实现。

要实现这一目标，首先，应由公司董事会或总经理办公会议制订总体战略目标，并通过股东代表大会表决通过，战略目标的制订要充分考虑外部环境和内部条件的变化，根据相应的变化进行适时的调整，确保战略目标在风险容忍度之内。其次，应该将战略目标按阶段和内容划分为具体的经营目标，确保各项经营活动围绕战略目标开展。再次，应依据既定的目标实施资源分配，使组织、人员、流程与基础结构相协调，以便促进成功的战略实施。最后，应将目标作为主体从事活动的可计量的基准，围绕目标的实现程度和实现水平实行绩效考核。

## 二、内部控制的基本原则

### （一）全面性的原则

全面性原则即内部控制应当贯穿决策、执行和监督全过程，覆盖企业及其组成部分的各种业务和事项。内部控制的建立在层次上应该涵盖企业董事会、管理层和全体员工，在对象上应该覆盖各项业务和管理活动，在流程上应该渗透到决策、执行、监督、反馈等各个环节，避免内部控制出现空白和漏洞。总之，内部控制应该实现全程控制、全员控制和全面控制。

### （二）重要性的原则

内部控制的重要性原则是指内部控制应当在兼顾全面的基础上突出重点，针对重要业务和事项、高风险领域和环节采取更为严格的控制措施，确保不存在重大缺陷。基于企业的资源有限的客观事实，企业在设计内部控制制度时不应平均使用资源，而应该寻找关键控制点，并对关键控制点投入更多的人力、物力和财力，即要"突出重点，兼顾一般"，着力防范重大风险。

目前，中央在国企推行"三重一大"制度正是重要性原则的充分体现。所谓"三重一大"，是指"重大决策、重要干部任免、重大项目安排和大额度资金的使用。"

所谓重大决策事项，主要包括企业贯彻执行党和国家的路线方针政策、法律法规和上级重要决定的重大措施，企业发展战略、破产、改制、兼并重组、资产调整、产权转让、对外投资、利益调配、机构调整等方面的重大决策，企业党的建设和安全稳定的重大决策，以及其他重大决策事项。

所谓重大项目安排事项，是指对于企业资产规模、资本结构、盈利能力以及生产装备、技术状况等产生重要影响的项目的设立和安排，其主要包括年度投资计划，融资、担保项目，期权、期货等金融衍生业务，重要设备和技术引进，采购大宗物资和购买服务，重大工程建设项目，以及其他重大项目安排事项。

所谓重要人事任免事项，是指企业直接管理的领导人员以及其他经营管理人员的职务调整事项，其主要包括企业中层以上经营管理人员和下属企业、单位领导班子成员的任免、聘用、解除聘用和后备人选的确定，向控股和参股企业委派股东代表，推荐董事会、监事会成员和经理、财务负责人，以及其他重要人事任免事项。

所谓大额度资金运作事项，是指超过由企业或者履行国有资产出资人职责的机构规定的企业领导人员有权调动、使用的资金限额的资金调动和使用，其主要包括年度预算内大额度资金调动和使用，超预算的资金调动和使用，对外大额捐赠、赞助，以及其他大额度资金运作事项。

"三重一大"事项应坚持集体决策原则。任何个人不得单独决策或者擅自改变集体决策意见。企业应当健全议事规则，明确"三重一大"事项的决策规则和程序，完善群众参与、专家咨询和集体决策相结合的决策机制。国有企业党委（党组）、董事会、未设董事会的经理班子等决策机构要依据各自的职责、权限和议事规则，集体讨论决定"三重一大"事项，防止个人或少数人专断。要坚持务实高效，保证决策的科学性；充分发扬民主，广泛听取意见，保证决策的民主性；遵守国家法律法规和有关政策，保证决策的合法性。

### （三）制衡性的原则

内部控制的制衡性原则要求内部控制应当在治理结构、机构设置及权责分配、业务流程等方面形成相互制约、相互监督。相互制衡是建立和实施内部控制的核心理念，更多地体现为不相容机构、岗位或人员的相互分离和制约。无论是在企业决策、执行环节还是在监督环节，如果不能做到不相容职务的相互分离与制约，那么就容易造成滥用职权或串通舞弊，导致内部控制失效，给企业经营发展带来重大隐患。

### （四）适应性的原则

适应性原则的思想来源于"权变"理论，所谓权变，就是指权宜应变。权变理论认为，企业要依据环境和内外条件随机应变，灵活地采取相应的、适当的管理方法，不存在一成不变的、普遍适用的"最好的"管理理论和方法，也不存在普遍不适用的"不好的"管理理论和方法。根据权变理论，建立内部控制制度不可能一劳永逸，而应当与企业的经营规模、业务范围、竞争状况和风险水平等相适应，并随着情况的变化及时加以调整。在当今日益激烈的市场竞争环境中，经营风险更具复杂性和多变性。企业应当根据内外部环境变化，适时对内部控制加以调整和完善。

### （五）成本效益的原则

内部控制的成本主要有三方面的内容：①内部控制的设计成本，包括自行设计和外包设计成本。②内部控制的实施成本，包括评价和监督人员的工资，实施内部控制影响了运营效率带来的机会成本，以及将内部控制制度嵌入到信息系统后的信息系统的运行和维护成本。③内部控制的鉴证成本，一般是聘请注册会计师来实施内部控制审计的鉴证费用。

成本效益原则要求实施内部控制应当权衡成本与预期效益，以适当的成本实现有效控制。成本效益原则有两个要义：一是努力降低内部控制的成本，即在保证内部控制制度有效性的前提下，尽量精简机构和人员，改进控制方法和手段，减少过于烦琐的程序和手续，避免重复劳动，提高工作效率，节约成本；二是合理确定内部控制带来的经济效益，实施内部控制的效益并非不可计量，只是这种效益往往具有滞后性，当期效益并不明显。为了做大做强，企业一定要杜绝"短视行为"，立足长远，充分考虑内部控制带来的未来收益，并与其成本进行对比，运用科学、合理的方法，有目的、有重点地选择控制点，实现有效控制。

需要强调的是，内部控制的建立和实施要符合成本效益原则，也是内部控制对目标的保证程度不是绝对保证、而是合理保证的重要原因之一。

# 第三节　内部控制要素及规范体系

## 一、内部控制要素及其关系

内部控制的内容,归根结底是由基本要素组成的。这些要素及其构成方式,决定着内部控制的内容与形式。《基本规范》第五条规定了内部控制的五要素,即内部环境、风险评估、控制活动、信息与沟通和内部监督[①]。

### (一)内部环境要素

内部环境是企业实施内部控制的基础,一般包括治理结构、机构设置及权责分配、内部审计、人力资源政策、企业文化等。内部控制应用指引把这些方面归为内部环境要素。其中,治理结构是重中之重,企业实施内部控制应先从治理结构等入手。内部控制只有得到高层的重视才能取得成功。如果主要领导人滥用职权,或者不相容岗位串通舞弊,内部控制势必要失效。内部控制是通过人来实施的,而企业文化则是企业的灵魂。内部环境是内部控制其他四个构成要素的基础,在企业内部控制的建立与实施中发挥着基础性作用。内部环境应充分体现企业业务模式、经营管理的特点以及内部控制的要求,与企业自身的规模、发展阶段相适应。

### (二)风险评估要素

风险是指一个潜在事项的发生对目标实现产生的影响。风险评估是单位及时识别、系统分析经营活动中与实现内部控制目标相关的风险,合理确定风险应对策略。它是实施内部控制的重要环节。风险评估主要包括目标设定、风险识别、风险分析和风险应对等环节。风险与可能被影响的控制目标相关联。单位必须制订与生产、销售、财务等业务相关的目标,设立可辨认、分析和管理相关风险的机制,以了解单位所面临的来自内部和外部的各种不同风险。在充分识别各种潜在风险因素后,要对固有风险,即不采取任何防范措施可能造成的损失程度进行评估,同时,重点评估剩余风险,即采取了相应应对

---

① 方红星,池国华.内部控制[M].大连:东北财经大学出版社,2014:32.

措施之后仍可能造成的损失程度。单位管理层在评估了相关风险的可能性和后果，以及成本效益之后要选择一系列策略使剩余风险处于期望的风险承受度之内。

### （三）控制活动要素

控制活动是指结合具体业务和事项，运用相应的控制政策和程序，或称控制手段去实施控制。也就是在风险评估之后，单位采取相应的控制措施将风险控制在可承受度之内。控制措施一般包括：不相容职务分离控制、授权审批控制、会计系统控制、财产保护控制、预算控制、运营分析控制、绩效考评控制等。企业应通过采用手工控制与自动控制、防护性控制与发现性控制相结合的方法实施相应的控制措施。

### （四）信息与沟通要素

信息与沟通是企业及时、准确地收集、传递与内部控制相关的信息，确保信息在企业内部、企业与外部之间进行有效沟通。它是实施内部控制的重要条件。信息与沟通的主要环节有：确认、计量、记录有效的经济业务；在财务报告中恰当揭示财务状况、经营成果和现金流量；保证管理层与单位内部、外部的顺畅沟通，包括与股东、债权人、监管部门、注册会计师、供应商等的沟通。信息与沟通的方式是灵活多样的，但无论哪种方式，都应当保证信息的真实性、及时性和有用性。

### （五）内部监督要素

内部监督是单位对内部控制建立与实施情况监督检查，评价内部控制的有效性，对于发现的内部控制缺陷，及时加以改进。它是实施内部控制的重要保证，是对内部控制的控制。内部监督包括日常监督和专项监督。监督情况应当形成书面报告，并在报告中揭示内部控制的重要缺陷。内部监督形成的报告应当有畅通的报告渠道，确保发现的重要问题能及时送达董事会、监事会和经理层；同时，应当建立内部控制缺陷纠正、改进机制，充分发挥内部监督效力。

### （六）五大要素之间的关系

以上是对内部控制五要素的阐述，内部控制的五个要素之间并不是相互割裂、毫无关系，而是具有相互支持、紧密联系的逻辑统一体。

内部环境在最底部，这说明内部环境属于内部控制的基础，对其他要素产生影响。内部环境的好坏决定着内部控制其他要素能否有效运行。

内部监督在最高部，这表示内部监督是针对内部控制其他要素的，是自上而下的单向检查，是对内部控制的质量进行评价的过程。

由于企业在实施战略的过程中会受到内外部环境的影响，所以企业需要通过一定的技术手段找出那些会影响战略目标实现的有利和不利因素，并对其存在的风险隐患进行定量和定性分析，从而确定相应的风险应对策略，这就是风险评估，它是采取控制活动的根据。

根据明确的风险应对策略，企业需要及时采取控制措施，有效控制风险，尽量避免风险的发生，尽量降低企业的损失，这就是控制活动要素。

信息与沟通在这五个要素中处于一个承上启下、沟通内外的关键地位。控制环境与其他组成因素之间的相互作用需要通过信息与沟通这一桥梁才能发挥作用；风险评估、控制活动和内部监督的实施需要以信息与沟通结果为依据，它们的结果也需要通过信息与沟通渠道来反映。缺少了信息传递与内外沟通，内部控制其他因素就可能无法保持紧密的联系，整合框架也就不再是一个有机的整体。

## 二、我国企业内部控制的规范体系框架

2008 年 5 月 22 日，财政部会同证监会、审计署、银保会出台《企业内部控制基本规范》（以下简称《基本规范》）。2010 年 4 月 15 日，财政部会同证监会、审计署、银保会又发布了《企业内部控制应用指引第 1 号——组织架构》等 18 项应用指引、《企业内部控制评价指引》和《企业内部控制审计指引》（以下简称《配套指引》）。内部控制基本规范和配套指引的发布，标志着我国内部控制规范体系的形成，是我国内部控制制度发展的里程碑。

我国企业内部控制规范框架体系中，基本规范是内部控制体系的最高层次，起统驭作用；应用指引是对企业按照内部控制原则和内部控制五要素建立健全本企业内部控制所提供的指引，在配套指引乃至整个内部控制规范体系中占据主体地位；企业内部控制评价指引是为企业管理层对本企业内部控制有效性进行自我评价提供的指引；企业内部控制审计指引是注册会计师和会计师事务所执行内部控制审计业务的执业准则。三者之间既相互独立，又相互联系，形成一个有机整体。

## （一）企业内部控制的基本规范

基本规范是内部控制体系的最高层次，起统驭作用。它描述了建立与实施内部控制体系必须建立的框架结构，规定了内部控制的定义、目标、原则、要素等基本要求，是制定应用指引、评价指引、审计指引和企业内部控制制度的基本依据。

基本规范共七章五十条，分为总则、内部环境、风险评估、控制活动、信息与沟通、内部监督和附则。

基本规范主要明确了内部控制的目标、原则和要素。内部控制目标规定了五个方面，即合理保证企业经营管理合法合规、资产安全、财务报告及相关信息真实完整，提高经营效率和效果，促进企业实现发展战略。《基本规范》第四条规定了企业建立与实施内部控制的五项原则：一是全面性原则；二是重要性原则；三是制衡性原则；四是适应性原则；五是成本效益原则。《基本规范》第五条规定了内部控制的五要素，即内部环境、风险评估、控制活动、信息与沟通和内部监督。

## （二）企业内部控制的应用指引

企业内部控制应用指引由三大类组成：即内部环境类指引、控制业务类指引、控制手段类指引。这三类指引基本涵盖了企业资金流、实物流、人力流和信息流等各项业务和事项。

内部环境是企业实施内部控制的基础，支配着企业全体员工的内控意识，影响着全体员工实施控制活动和履行控制责任的态度、认识和行为，因此内部环境类指引具有基础性地位，它们是构成企业的基本条件，对企业的经营与发展起到不可或缺的决定性作用。内部环境应用指引包括组织架构、发展战略、人力资源、社会责任和企业文化等指引。

控制业务类应用指引是对各项具体业务活动实施的控制，此类指引包括资金活动、采购业务、资产管理、销售业务、研究与开发、工程项目、担保业务、业务外包、财务报告等指引。

控制手段类应用指引偏重于"工具"性质，往往涉及企业整体业务或管理，此类指引有四项，包括全面预算、合同管理、内部信息传递和信息系统等指引。本书第五章对四项控制手段应用指引作了详细讲解。

## （三）企业内部控制的评价指引

内部控制评价是指企业董事会或类似权力机构对内部控制有效性全面评价、形成评价结论、出具评价报告的过程。在企业内部控制实务中，内部控制评价是极为重要的一环，它与日常监督共同构成了对内部控制制度本身的控制。内部控制评价指引主要内容包括：实施内部控制评价应遵循的原则、内部控制评价的内容、内部控制评价的程序、内部控制评价缺陷的认定以及内部控制评价报告。

# 第四节　内部控制的一般流程解读

## 一、内部控制的前期准备

### （一）工作组织的确定

公司层面的内控诊断底稿，由项目经理填列；业务层面的内控诊断底稿，由项目组成员填列，项目经理应确定好业务流程和业务层面内控配套指引的对应关系。

### （二）工作的注意事项

1.尽可能详细填列内控诊断底稿。

2.底稿中的评价指标分成两类：一类是合规性评价指标；一类是合理性评价指标。后者需要一定的经验判断。项目组成员可以不填列合理性指标，项目经理可以尽量补填。

3.重在设计有效性评价，原则上不对执行有效性发表意见。

4.内控评价结论按照公司层面和业务层面分别归集。

5.内控评价结论最好能够有一定的归集整合，避免流水账逐条说明和平铺直叙。

6.凡是涉及体系性的组织架构调整、集团管控模式重塑、部门职责调整的意见，原则上不提。如果企业有明确的意向，可以采用出具管理建议书方式解决，原则上需要另外签订委托协议。

## 二、内部控制的现场调研

### （一）流程梳理清晰

现场调研第一个阶段就是流程梳理。只有在清晰地了解了企业业务的处理流程后，才可能分析出企业的业务流程和管理方法与内控体系存在什么差异，哪些不合理，哪些需要作出优化和调整，需要作出什么样的调整，为后期搭建内控体系做准备。

### （二）内部控制缺陷诊断

内部控制缺陷是指公司内部控制的设计或运行无法合理保证内部控制目标的实现。内部控制缺陷按其成因分为设计缺陷和运行缺陷，按其影响程度分为重大缺陷、重要缺陷和一般缺陷。

#### 1. 根据内部控制缺陷的本质分类

（1）设计缺陷

设计缺陷是指企业缺少为实现控制目标的必需控制，或现存的控制并不合理及未能满足控制目标。这又分为系统的缺陷和手工的缺陷。

（2）运行缺陷

运行缺陷是指设计合理及有效的内部控制，但在运作上没有被正确地执行，包括不恰当的人员执行，未按设计的方式运行，如频率不当等。例如，物资采购申请金额已超其采购权限，却未向上级公司申请安排大宗物品采购。这存在权限管理规定问题。

#### 2. 根据内部控制严重程度分类

（1）重大缺陷

重大缺陷也称"实质性漏洞"，是指一个或多个控制缺陷的组合，可能严重影响内部整体控制的有效性，进而导致企业无法及时防范或发现严重偏离整体控制目标的情形。

（2）重要缺陷

重要缺陷是指一个或多个一般缺陷的组合，其严重程度低于重大缺陷，但导致企业无法及时防范或发现严重偏离整体控制目标的严重程度依然重大，需引起管理层关注。例如，有关缺陷造成的负面影响在部分区域流传，为公司声誉带来损害。

（3）一般缺陷

这是指除重要缺陷、重大缺陷外的其他缺陷。

## 三、内部控制的风险评估

一般地，风险评估是指在风险事件发生之前或之后（但还没有结束），对该事件给人们的生活、生命、财产等各个方面造成的影响和损失的可能性进行量化评估的工作，即风险评估就是量化测评某一事件或事物带来的影响或损失的可能程度。运用到企业中，风险评估则可以具体认为是企业及时识别、系统分析经营活动中与实现内部控制目标相关的风险，合理确定风险应对策略。当今社会经济环境变幻莫测，企业之间竞争也是异常激烈，企业经营风险不断提高，运用内部控制，目的就是帮助企业降低风险。首先就需要对风险有准确的认识和评估，这是前提条件。只有正确适当地评估了风险，才能够有的放矢地防范风险。从内部环境到监督，每一个环节都少不了对风险的评估这一项。风险评估涉及确定风险度、识别风险(包括内部风险和外部风险)、风险分析和风险应对四个方面。

企业在生产经营活动中，面临诸多风险，如果没有妥善处理好这些风险，会给企业带来不同程度的损失。风险评估就是对某一事件或事物带来的影响或损失的可能程度进行量化测评。按照《企业内部控制基本规范》中的定义，风险评估是指单位及时识别、科学分析经营活动中与实现控制目标相关的风险，合理确定风险应对策略。它是实施内部控制的重要环节。

在风险评估过程中，企业需要考虑：确定保护的对象或者资产，明确它们的直接和间接价值；识别企业资产面临的潜在威胁，分析导致威胁的原因以及威胁发生的可能性，资产中存在的可能会被威胁所利用的弱点等；一旦威胁事件发生，企业会遭受怎样的损失或者面临怎样的负面影响；企业应该采取怎样的安全措施才能将风险带来的损失降低到最低程度。简单来说，风险评估过程包括目标设定、风险识别、风险分析和风险应对四个方面。

### （一）目标的设定

风险评估的先决条件是组织各个层级的目标的确立。管理层应当按照战略目标，设定相关的经营目标、报告目标、合规目标与资产安全目标。明确相应的具体目标，以便识别和分析相关的风险。管理层也要考虑这些目标与组织的可持续性关系。

目标设定是企业风险评估的起点，是风险识别、风险分析和风险应对的前提。企业应当根据设定的目标，合理确定企业整体风险承受能力和具体业务层次上的可接受的风险水平，并努力将风险控制在这个水平内。目标设定是否科学、有效，取决于其是否符合企业的风险偏好和风险承受度。

风险偏好是指企业在实现其目标的过程中愿意接受的风险水平。从定性和定量两个角度对风险偏好加以度量。

风险承受度是指企业在目标实现的过程中对差异的可承受风险限度，是企业在风险偏好的基础上设定的对相关目标实现过程中所出现的差异的可接受水平，也被称作风险承受能力。风险承受度包括整体风险承受能力和业务层面的可接受风险水平。

## （二）风险的识别

风险识别是指对企业面临的尚未发生的潜在的各种风险进行系统的归类分析并对风险性质进行鉴定的过程。

风险识别有以下几个特征：

1.风险识别是一个重复的过程。风险的识别需要针对企业内外部环境的变化而持续进行，是一项动态的过程。随着主体的活动，新的风险也会不断出现，这需要企业时刻保持警惕，识别企业当前或未来所面临的潜在风险。

2.风险识别是一个复杂、全面的过程。风险识别过程不可能局限在某一部门或某一个环节。需要企业自上而下的各个部门全面参与并积极配合。不同层次的员工会从不同角度看待同一项风险，他们所感受的风险水平并不相同，因此对企业风险进行评估必须是一个全面系统的过程。

3.风险识别是一个科学系统的过程。企业在进行风险识别时，可以采取座谈讨论、问卷调查、案例分析、咨询专业机构意见等方法科学识别相关的风险因素，并注意总结、吸取企业过去的经验教训和同行业的经验教训，加强对高危性、多发性风险因素的关注。在充分调研和科学分析的基础上，准确识别影响企业内部控制目标实现的内部风险因素和外部风险因素，具体如下：

（1）内部风险因素。高级管理人员职业操守、员工专业胜任能力、团队精神等人员素质因素；经营方式、资产管理、业务流程设计、财务报告编制与信息披露等管理因素；财务状况、经营成果、现金流量等基础实力因素；研究开发、技术投入、信息技术运用等技术因素；营运安全、员工健康、环境污染等安全环保因素。

（2）外部风险因素。经济形势、产业政策、资源供给、利率调整、汇率变动、融资环境、市场竞争等经济因素；法律法规、监管要求等法律因素；文化传统、社会信用、教育基础、消费者行为等社会因素；技术进步、工艺改进、电子商务等科技因素；自然灾害、环境状况等自然环境因素。

### （三）风险的分析

在风险识别的基础上，企业应当根据实际情况，针对不同的风险类别确定科学合理的定性、定量分析标准。根据风险分析的结果，依据风险的重要性水平，运用专业判断，采用定性与定量相结合的方法，按照风险发生的可能性大小及其对企业影响的严重程度进行风险排序，确定应当重点关注和优先控制的风险。

### （四）风险的应对

企业应当根据风险分析的结果，结合风险承受度，综合运用风险规避、风险降低、风险分担和风险承担等风险应对策略，实现对风险的有效控制。

1. 风险规避是指企业对超出其整体风险承受能力或者具体业务层次上的可接受风险水平之内的风险，通过放弃或者停止与该风险相关的业务活动以避免和减轻损失的策略。风险规避是四种风险应对策略中最为简单也是最为消极的一种，通过远离风险源和潜在风险来规避风险，虽然规避了风险，但在某种程度上也规避了潜在的获得收益的可能性。并且，企业在采取此策略的同时还应该考虑企业规避风险所花费的成本。

2. 风险降低是指企业对在其整体风险承受能力和具体业务层次上的可接受风险水平之内的风险，在权衡成本效益之后愿意单独采取进一步的控制措施以降低风险、提高收益或者减轻损失的策略。风险降低可以积极改善风险的特性，使其可以被企业接受，同时又不丧失获得收益的机会。常见的风险降低途径有预防风险和减少风险，通过与预防措施、控制措施和补救措施相衔接，实现事前、事中和事后的风险降低。

3. 风险分担是指企业对在其整体风险承受能力和具体业务层次上的可接受风险水平之内的风险，在权衡成本效益之后愿意借助他人力量，采取包括业务分包、购买保险等进一步的控制措施以降低风险、提高收益或者减轻损失的策略。企业通过对风险的分析、评估，确定风险类别及危害，进而确定合作主体，以便风险发生时共同抵御。常见的合作主体有：投资者之间、投资者与创业投资家之间、创业投资家内部、创业投资公司之间、创业投资家与创业企业家之间、创业企业家内部、外部机构与各创业投资主体之间等。承担分担风险的合作主体按照约定的合同条款，在风险发生时，合同双方分别履行各自义务，共同承担风险，从而实现风险的现实分担。

4. 风险承担是指企业对在其整体风险承受能力和具体业务层次上的可接受风险水平之内的风险，在权衡成本效益之后无意采取进一步控制措施的，实行风险承担。

风险应对策略的制定是一个持续、连续的过程，应该与企业的具体业务或者事项相对应，针对不同的业务、不同的发展阶段，持续收集与风险变化相关的各种信息，定期或者不定期地开展风险评估，及时调整风险应对策略。

## 四、内控流程的设计改进

内部控制设计的流程是用以指导内部控制设计者有序、有效地完成内部控制设计的每一个环节和步骤。规范化的内部控制设计流程应当包括内部控制设计的规划阶段、内部控制设计的实施阶段和内部控制的试运行及完善阶段，并按照以下程序进行：

### （一）规划阶段

#### 1. 确定内部控制设计的需求

企业的内部控制设计需求包括以下内容：

（1）设计或完善企业的整个内部控制体系。有的企业需要建立并完善企业的整个内部控制系统，以满足相关部门对企业建立、评价以及披露内部控制系统运行状况的需要。

（2）分析和控制企业的风险。由于各种不确定性因素的存在，企业面临着客观存在的各种风险。企业能否对风险进行有效的管理和控制，是企业能否生存发展、能否实现企业预期目标的关键。因此，有的企业进行内部控制设计，目的主要在于分析和控制企业的风险。

（3）改进企业的商业流程或企业的绩效。有的企业进行内部控制设计可能是局部性的，具有一定的针对性，如改进企业的特定商业流程或提高企业的绩效。

### 2. 判断内部控制设计的环境

对企业控制环境的评价，内部控制设计者应当主要对以下问题进行判断：是否存在总裁独裁；是否是行政化或家族化管理；法人治理机制是否规范；内部审计的权威性程度如何；管理模式是否成熟；是否存在管理人员违规；是否存在越权接触实物、现金和重要凭证；是否存在企业文化危机等。

### 3. 估计内部控制设计的成本

由于内部控制设计应当遵循成本效益原则，因此，内部控制设计者应当对企业现行的内部控制系统进行描述，调查内部控制现状，从而确定满足内部控制设计需求，实现内部控制设计目标，需要付出的内部控制成本。主要包括：①调查内部控制现状。②评价内部控制健全程度。③评估内部控制成本。

### 4. 制订内部控制设计的实施计划

经过对内部控制设计需求的界定，确定了内部控制设计的目标以及评估了内部控制环境和内部控制评估成本后，注册会计师应当制订内部控制设计实施计划，包括人员、时间及具体设计活动安排等。

## （二）实施阶段

正如前文所述，企业内部控制设计应当分层进行。因此，以一套完整的内部控制系统为例，内部控制设计者应当按照下列顺序和内容来完成内部控制设计实施阶段的工作。

### 1. 企业内部控制目标的分解

内部控制目标的设立是构建企业内部控制系统的关键。但是，过于笼统宽泛的内部控制目标定义不便于进行内部控制设计，内部控制目标应当具体且便于理解。内部控制设计者应当对企业内部控制的目标进行分解，以便于进行内部控制的设计。内部控制设计者应当根据企业各方面的特点来定义企业不同层次的内部控制目标，以便设计达到预期。

控制目标的控制活动和程序其分解过程可以简单描述为：企业目标和股东目标→董事会目标→公司层面内部控制目标→经营活动控制目标。

### 2. 公司层面内部控制的设计

公司层面内部控制的设计应当包括：公司治理机制；公司组织机构与权责分派；公司预算与业绩考评；对公司下属部门及附属公司的管理控制；内

部审计；信息系统管理控制制度。

### 3. 业务活动环节的内部控制的设计

对各业务活动环节内部控制的设计应当包括业务活动控制的目标、控制的方式和业务控制流程几个方面。

设计业务层面的控制，必须首先确定控制的目标，其次识别可能存在哪些风险。哪些风险会导致目标不能实现，然后针对这些风险设计控制活动，最后通过信息交流与沟通将目标、风险、控制活动连为一体。这种从目标到风险到控制活动到整合的思路称为 ORCA 模式。

需要注意的是内部控制设计阶段初步完成后，应当进行内部控制的试运行，从而对内部控制系统的合理性和有效性进行评价，并进行必要的完善，最后内部控制系统才能进行实际的运行。

## 五、内部控制改进方案的实施

要按照已设计并且改进好的内部控制方案实施，但在实施过程中应注意以下问题：

1. 授权批准控制：明确各部门、岗位及人员的权限和责任，确保各部门、岗位及人员在授权批准的范围内行使职权。

2. 不相容岗位分离控制：事先合理设定不相容的岗位，再根据设定的岗位进行人员分工，明确职责权限，形成相互制衡机制。

3. 业务流程控制：制订各业务环节相互制约和相互衔接的业务流程，保证业务活动有序开展。

4. 预算控制：预先编制收支计划，加强对预算执行情况的监控，严格控制无预算的资金使用。

5. 会计控制：严格实行会计出纳岗位责任制，制定严密的会计出纳处理程序，保证会计出纳业务符合社会保险基金财务会计制度的规定和规范化的要求。

6. 风险控制：树立风险意识，对可能发生的各种管理风险进行预测、评估和监测，采取定期盘点和定期对账等措施确保基金资产的安全完整。

7. 信息技术控制：运用电子信息技术手段加强对业务和财务的控制，减少人为因素造成的差错和舞弊。

8.报告控制：建立内部业务和财务信息报告制度，保持内部上下级间的信息沟通和交流。

## 六、内部控制的监督和评价

### （一）内部控制的监督

内部控制的监督分为日常监督和专项监督。日常监督是指企业对建立与实施内部控制的情况进行常规、持续的监督检查；专项监督是指在企业发展战略、组织结构、经营活动、业务流程、关键岗位员工等发生较大调整或变化的情况下，对内部控制的某一或者某些方面进行有针对性的监督检查。专项监督的范围和频率应当根据风险评估结果以及日常监督的有效性等予以确定。

企业应当结合内部监督情况，定期对内部控制的有效性进行自我评价，出具内部控制自我评价报告。

### （二）内部控制的评价

内部控制评价是指企业董事会或类似权力机构对企业内部控制的有效性进行全面评价，形成评价结论，出具评价报告的过程。内部控制的评价在后面第六章节有详述。

# 第五章 财务会计与内部控制的关系辨析

## 第一节 财务会计信息对内部控制的需求

### 一、财务会计信息的特点

财务会计信息是企业经济活动中最直接、最集中的反映。财务会计信息的特点主要包括真实性、完整性、规范性和时效性。这些特点相互关联、相互影响，共同构成了高质量财务会计信息的基础。为了确保财务会计信息的质量和可靠性，企业需要从各个方面加强内部控制，建立有效的管理体系和监督机制。

#### （一）真实性

真实性和可靠性是财务会计信息最为核心的特性。财务会计信息必须真实地反映企业的经济活动，确保数据的准确性和可靠性。任何虚假的会计信息都可能导致决策失误、损害投资者利益，甚至引发法律风险。在企业的日常运营中，无论是供应商的付款、员工的工资支付还是销售收入的确认，都需要有真实、准确的财务会计信息作为依据。这些信息不仅影响企业的决策，还关系到企业与外部各方的合作与交流。因此，财务会计信息必须以真实、准确为基础，提供可靠的信息源。

#### （二）完整性

财务会计信息不仅需要真实，还需要全面和完整。财务报告应当全面、系统地反映企业的经济活动，既包括资产、负债等财务状况信息，也包括收入、成本等经营成果信息。只有全面的信息才能帮助决策者了解企业的整体状况，从而作出明智的决策。任何信息的不完整都可能影响决策的准确性和有效性，甚至导致错误的决策。此外，完整性还意味着财务报告不应遗漏任何重要的信息，无论是对企业有利还是不利的信息，都应当在报告中得到体现。

### （三）规范性

规范性是财务会计信息的一个重要特点。财务会计信息应当按照会计准则和会计制度的要求进行编制，确保信息的一致性和可比性。规范化的会计信息有助于提高信息质量，降低误导决策的风险。会计准则和会计制度作为企业会计工作的指南，能够确保所有企业的会计信息在相同的标准下编制，从而使得不同企业之间的财务数据具有可比性。同时，规范性还要求企业在编制财务报告时遵循一致性的原则，即同一企业在不同时期内的会计处理和报告方式应当保持一致，不得随意变更。

### （四）时效性

时效性是财务会计信息不可忽视的特点之一。财务会计信息应当及时反映企业的经济活动，使决策者能够及时了解企业状况，作出科学决策。滞后的会计信息可能导致决策失误或丧失市场机会。随着市场的快速变化和企业竞争的加剧，信息的时效性变得越来越重要。无论是投资者、债权人还是企业内部的决策者，都希望得到及时、准确的财务信息，以便快速作出反应。因此，企业需要建立有效的内部控制系统，确保财务信息的及时传递和处理。

## 二、内部控制在保障财务会计信息可靠性中的作用

内部控制作为企业运营管理的重要手段，旨在确保企业资产安全、财务信息真实可靠以及经营活动的合规性。在当今复杂多变的市场环境中，内部控制在保障财务会计信息可靠性方面发挥着不可替代的作用。

### （一）内部控制制度的建设与完善

建立健全内部控制制度是保障财务会计信息可靠性的基础。通过制定和执行内部控制制度，企业可以明确各部门职责和操作规范，形成相互制约、相互监督的管理机制。在财务会计信息生成、记录、核算和报告的全过程中，内部控制制度能够确保各环节的规范操作，降低错误和舞弊的风险。同时，完善的内部控制制度还有助于提高企业内部管理效率，为企业的可持续发展提供有力保障。

## （二）内部审计的监督与评价

内部审计作为内部控制的重要组成部分，在保障财务会计信息可靠性方面扮演着重要的角色。内部审计机构通过对企业经济活动的审计监督，定期评估内部控制制度的执行情况和财务报告的编制过程。通过内部审计的审查，能够及时发现潜在的财务风险和会计错误，进而采取措施进行纠正。此外，内部审计还对内部控制制度的有效性进行评估，提出改进建议，不断完善企业的内部控制体系。

## （三）人员素质与专业能力的提升

财务会计信息是由企业财务人员根据会计准则和制度要求编制而成的。因此，财务人员的素质和专业能力直接影响着会计信息的可靠性。内部控制制度应关注财务人员的选拔和培训，确保其具备相应的专业知识和职业道德。通过定期的培训和教育，提高财务团队的整体素质和专业技能水平，使其能够准确、规范地处理财务信息，确保会计信息的质量和可靠性。此外，企业还应加强员工对内部控制的认识和理解，培养全体员工的内部控制意识，从而形成良好的企业文化。

## （四）信息系统的优化与安全控制

随着信息技术的发展，信息系统在财务管理中的作用越来越重要。企业在建立和完善内部控制体系时，应充分考虑信息系统的优化与安全控制。通过优化信息系统，提高信息处理的效率和准确性，减少人为错误和舞弊的风险。同时，加强信息安全控制，防止信息泄露和非法篡改，确保财务信息的安全性和可靠性。企业应建立完善的信息安全管理制度，定期进行系统安全检查和维护，以确保信息系统稳定、可靠地运行。

## （五）持续改进与优化内部控制体系

内部控制体系不是一成不变的，而是需要随着企业发展和市场环境的变化进行持续改进和优化。企业应定期评估内部控制体系的运行情况，针对存在的问题和不足进行改进和完善。同时，积极借鉴行业最佳实践和先进的管理理念，不断提高内部控制的有效性和适应性。通过持续改进和优化内部控制体系，企业能够更好地应对市场风险和挑战，确保财务会计信息的质量和可靠性。

内部控制在保障财务会计信息可靠性方面发挥着重要作用。建立健全内部控制制度、加强内部审计监督、提升人员素质与专业能力、优化信息系统以及持续改进与优化内部控制体系等方面的工作是实现这一目标的关键措施。

# 第二节　内部控制对财务会计产生的影响

## 一、内部控制对财务报表编制的影响

财务报表是企业经济活动的重要记录，也是企业与外部利益相关者沟通的重要工具。内部控制作为企业内部管理的重要组成部分，对财务报表的编制有着深远的影响。

### （一）确保财务报表的准确性和可靠性

内部控制的目标之一是确保企业资产的安全完整以及财务信息的真实可靠。财务报表作为企业财务信息的集中体现，其准确性和可靠性对于投资者、债权人及利益相关者至关重要。通过建立健全内部控制体系，企业可以对财务报表的编制过程进行全面的监督和制约，防止舞弊和错误的发生。例如，内部控制制度可以规定明确的职责分工和审批流程，确保财务报表的编制和审核相互独立、相互制约。同时，内部审计机构可以对财务报表进行定期的审查和验证，确保其准确性和可靠性。

### （二）提高财务报表的编制效率

内部控制不仅关注财务信息的准确性，还注重提高工作效率。通过优化内部控制流程，企业可以合理安排财务人员的工作任务和时间，提高财务报表的编制效率。例如，通过实施标准化操作、简化流程和引入自动化系统，企业可以减少重复和不必要的环节，加快财务报表的编制速度。同时，内部控制体系还可以促进部门间的沟通和协作，确保财务报表的编制过程顺利进行。

### （三）促进财务报告的合规性

遵循会计准则和相关法律法规是企业编制财务报表的基本要求。内部控制体系可以通过对财务报告编制过程的监控，确保企业遵循适用的会计准则和法律法规。内部控制制度可以明确财务报告的编制标准、方法和程序，规范财务人员的操作行为。同时，内部审计机构可以对财务报告进行合规性审查，及时发现和纠正不符合会计准则和法律法规的情况。通过内部控制的强化，企业能够提高财务报告的合规性，降低因违规行为引发的风险和损失。

### （四）支持战略目标的实现

企业的战略目标是企业发展的方向和愿景，而财务报表作为企业经济活动的记录，能够反映企业战略目标的实现情况。内部控制体系可以通过对财务报表编制过程的控制和监督，确保财务报表能够真实反映企业的战略实施情况。同时，内部控制体系还可以通过预算管理和绩效考核等手段，推动企业战略目标的实现。通过对财务报表的分析和评估，企业可以及时发现战略实施过程中存在的问题和不足，采取相应的改进措施，确保战略目标的顺利达成。

### （五）增强外部审计效果

外部审计是企业财务报表质量的重要保障之一。外部审计机构对企业财务报表进行独立审查和验证，确保其准确性和可靠性。内部控制体系可以通过提供清晰、完整的财务记录和报表信息，降低外部审计机构的工作难度和风险。同时，内部控制的有效性还可以增强外部审计机构对企业财务报表的信任度，从而降低审计调整和保留意见的风险。

内部控制对财务报表编制的影响深远。通过建立健全内部控制体系，企业可以提高财务报表的准确性和可靠性、编制效率、合规性以及与战略目标的契合度。同时，内部控制还可以增强外部审计效果，降低审计风险。

## 二、内部控制对财务报表审计的影响

财务报表审计是外部审计机构对企业的财务报表进行独立审查和验证的过程，旨在确保财务报表的准确性和可靠性，以满足投资者、债权人和其他利益相关者的需求。内部控制作为企业内部管理的重要组成部分，对财务报表审计具有重要的影响。

## （一）影响审计程序和风险评估

在财务报表审计过程中，审计师需要了解和评估企业的内部控制体系。通过对内部控制的有效性和健全性进行评估，审计师可以确定实施审计程序的范围、重点和方法，以提高审计效率和准确性。如果企业的内部控制体系存在缺陷或不足，审计师可能需要扩大审计范围、增加审计程序，以应对潜在的错报和舞弊风险。因此，内部控制的有效性直接影响到审计程序的设计和实施，进而影响审计质量和风险。

## （二）影响审计证据的充分性和可靠性

财务报表审计依赖于充分的、可靠的审计证据来支持审计结论和建议。企业的内部控制体系可以通过提供清晰、完整的财务记录和业务流程，为审计师提供高质量的审计证据。健全的内部控制体系可以减少错报和舞弊的风险，降低获取额外审计证据的需求。相反，如果内部控制存在缺陷或不足，审计师可能需要获取更多的证据来支持审计结论，这可能导致审计成本的增加和时间的延误。

## （三）影响审计报告的内容和意见

在完成财务报表审计后，审计师会根据获取的审计证据和实施的审计程序，出具审计报告并提出意见。企业的内部控制体系作为财务报表准确性和可靠性的重要保障，对审计报告的内容和意见产生直接的影响。如果内部控制体系健全有效，且未发现重大缺陷或不足，审计师可能出具标准意见的审计报告；如果发现内部控制存在重大缺陷或不足，且可能对财务报表产生重大影响，审计师可能出具非标准意见的审计报告，以提醒财务报表使用者关注相关风险和问题。

## （四）影响外部监管机构的监管力度

外部监管机构如证券监督管理机构、会计师事务所等，在执行监管和审核任务时，也会重点关注企业的内部控制体系。健全有效的内部控制体系可以提高企业财务报表的质量和可靠性，降低错报和舞弊的风险。因此，外部监管机构在实施监管和审核时，会根据企业内部控制体系的有效性和健全性，调整其监管力度和方法。对于内部控制体系存在重大缺陷或不足的企业，外部监管机构可能会加大监管力度，增加审核频次和范围，以确保企业财务报表的准确性和可靠性。

内部控制对财务报表审计的影响是多方面的。从审计程序和风险评估、审计证据的充分性和可靠性到审计报告的内容和意见以及外部监管机构的监管力度等方面，内部控制都发挥着重要的作用。同时，外部审计机构在进行财务报表审计时，也应对企业的内部控制体系进行全面了解和评估，以确保其发表的意见和建议是基于充分、可靠的审计证据的。

# 第六章  内部控制评价与审计的融合思考

## 第一节  内部控制评价的内容及程序

内部控制评价作为优化内部控制自我监督机制的一项重要制度安排，是内部控制体系的重要组成部分。依据《企业内部控制评价指引》第二条相关规定，企业内部控制评价是指企业董事会或类似权力机构对内部控制的有效性进行全面评价、形成评价结论、出具评价报告的过程。

### 一、内部控制评价的内容及方法

内部控制评价应紧紧围绕内部环境、风险评估、控制活动、信息与沟通、内部监督五要素来进行。

#### 1. 内部环境评价

企业组织开展内部环境评价，应当以组织架构、发展战略、人力资源、企业文化、社会责任等应用指引为依据。其中，组织架构评价可以重点从组织架构的设计和运行等方面进行；发展战略评价可以重点从发展战略的合理制定、有效实施和适当调整三方面进行；人力资源评价应当重点从企业人力资源引进结构的合理性、开发机制、激励约束机制等方面进行；企业文化评价应从建设和评估两方面进行；社会责任可以从安全生产、产品质量、环境保护与资源节约、促进就业、员工权益保护等方面来进行。

#### 2. 风险评估评价

企业组织开展风险评估评价，应当以《企业内部控制基本规范》有关风险评估的要求，以及各项应用指引中所列主要风险为依据，结合企业的内部控制制度，对日常经营管理过程中的目标设定、风险识别、风险分析、应对策略等进行认定和评价。

### 3. 控制活动评价

企业组织开展控制活动评价，应当以《企业内部控制基本规范》和各项应用指引中的控制措施为依据，结合企业的内部控制制度，对相关控制措施的设计和运行情况进行认定和评价。

### 4. 信息与沟通评价

企业组织开展信息与沟通评价，应当以内部信息传递、财务报告、信息系统等相关指引为依据，结合企业的内部控制制度，对信息收集、处理和传递的及时性，反舞弊机制的健全性，财务报告的真实性，信息系统的安全性，以及利用信息系统实施内部控制的有效性进行认定和评价。

### 5. 内部监督评价

企业组织开展内部监督评价，应当以《企业内部控制基本规范》有关内部监督的要求，以及各项应用指引中有关日常管控的规定为依据，结合企业的内部控制制度，对于内部监督机制的有效性进行认定和评价，重点关注监事会、审计委员会、内部审计机构等是否在内部控制设计和运行中有效发挥监督作用。

## 二、内部控制评价的实施程序

内部控制评价程序一般包括制订评价工作方案、组成评价工作组、实施现场测试、汇总评价结果、编制评价报告等。这些程序环环相扣、相互衔接、相互作用，构成内部控制评价的基本流程。

### （一）评价工作方案的制订

内部控制评价机构应以内部控制目标为依据，结合企业内部监督情况和管理要求，分析企业经营管理过程中影响内部控制目标实现的高风险领域和重要业务事项，确定检查评价方法，制订科学合理的评价工作方案，经董事会批准后实施。评价工作方案应当明确评价主体范围、工作任务、人员组织、进度安排和费用预算等相关内容。评价工作方案既可以以全面评价为主，又可以根据需要采用重点评价的方式。一般而言，内部控制建立与实施初期，实施全面综合评价有利于推动内部控制工作的深入有效展开；内部控制系统趋于成熟后，企业可在全面评价的基础上，更多地采用重点评价或专项评价，以提高内部控制评价的效率和效果。

## （二）评价工作组的组织

评价工作组是在内部控制评价机构领导下，具体承担内部控制检查评价任务，内部控制评价机构根据经批准的评价方案，挑选具备独立性、业务胜任能力和职业道德素养的评价人员实施评价。评价工作组成员应当吸收企业内部相关机构熟悉情况、参与日常监控的负责人或业务骨干参加。企业应根据自身条件，尽量建立长效的内部控制评价培训机制，培养内部控制评价专业人员，熟悉内部控制专业知识及相关规章制度、业务流程及需要重点关注的问题、评价工作流程、检查评价方法、工作底稿填写要求、缺陷认定标准、评价人员的权利和义务等内容。

## （三）现场测试的实施

首先是充分了解企业文化和发展战略、组织机构设置及职责分工、领导层成员构成及分工等基本情况；在此基础上评价工作组根据掌握的情况进一步确定评价范围、检查重点和抽样数量，并结合评价人员的专业背景进行合理分工（检查重点和分工情况可以根据需要进行适当调整）；然后评价工作组根据评价人员分工，综合运用各种评价方法对内部控制设计与运行的有效性进行现场检查测试，按要求填写工作底稿、记录相关测试结果，并对发现的内部控制缺陷进行初步认定。评价人员应遵循客观、公正、公平原则，如实反映检查测试中发现的问题，并及时与被评价单位进行沟通。由于内部控制通过纵向检查测试流程。因此，工作中各成员之间应该注意互相沟通、协调，以获得更有价值的发现。

## （四）评价结果的汇总

评价工作组汇总评价人员的工作底稿，初步认定内部控制缺陷。评价工作底稿应该进行交叉复核签字，并由评价工作组负责人审核后签字确认。评价工作组将评价结果及现场评价的结果向被评价单位进行通报，由被评价单位相关责任人签字确认后，提交企业内部控制评价机构。

## （五）评价报告的编制

内部控制评价机构汇总各评价工作组的评价结果，对工作组现场初步认定的内部控制缺陷进行全面复核、分类汇总，对缺陷的成因、表现形式及风险程度进行定量或定性的综合分析，按照对控制目标的影响程度判定缺陷等级；内部控制评价机构以汇总的评价结果和认定的内部控制缺陷为基础，综合内部控制工作整体情况，客观、公正、完整地编制内部控制评价报告，并报送企业经理层、董事会和监事会，由董事会最终审定后对外披露。

### （六）报告的反馈和追踪

对于认定的内部控制缺陷，内部控制评价机构应当结合董事会和审计委员会的要求，提出整改建议，要求责任单位及时整改，并跟踪其整改落实情况；已经造成损失或负面影响的，企业应当追究相关人员的责任。

# 第二节　内部控制缺陷认定及处理

## 一、内部控制缺陷认定标准

对内部控制缺陷的认定是对内部控制缺陷的重要程度进行识别和确定的过程，即判定一项缺陷属于重大缺陷、重要缺陷还是一般缺陷的过程。内部控制缺陷一经认定为重大缺陷，内部控制评价报告中将会被出具"否定意见"，而被认定为存在重大缺陷的企业内部控制系统是不能被投资者等利益相关者所相信的。此外，内部控制缺陷，尤其是重大缺陷，代表着内部控制的薄弱环节，是未来内部控制修补和完善的重点。因此，对内部控制缺陷所属的类型进行认定十分重要，它直接关系到外界的利益相关者对企业的认可度以及企业今后内部控制工作的重点所在，而对内部控制缺陷进行正确认定的关键是有一套系统、可行的认定标准。

企业在开展内部控制监督检查过程中，对发现的内部控制缺陷，应当及时分析缺陷性质和产生原因，并提出整改方案，采取适当形式向董事会、监事会或者管理层报告。对于重大缺陷，企业应当在内部控制评价报告中进行披露。

由于内部控制缺陷的重要性和影响程度是相对于内部控制目标而言的。按照对财务报告目标和其他内部控制目标实现影响的具体表现形式，区分财务报告内部控制缺陷和非财务报告内部控制缺陷，并分别阐述内部控制缺陷的认定标准。

## （一）财务报告内部控制缺陷采用的认定标准

与财务报告内部控制相关的内部控制缺陷所采用的认定标准直接取决于由于该内部控制缺陷的存在可能导致的财务报告错报的重要程度。其中，所谓"重要程度"主要取决于两个方面的因素：一是该缺陷是否具备合理可能性[①]导致企业的内部控制不能及时防止（或发现）并纠正财务报告错报。二是该缺陷单独或连同其他缺陷可能导致的潜在错报金额的大小。

一般而言，如果一项内部控制缺陷单独或连同其他缺陷具备合理可能性，导致不能及时防止（或发现）并纠正财务报告中的重大错报，就应将该缺陷认定为重大缺陷。一项内部控制缺陷单独或连同其他缺陷具备合理可能性，导致不能及时防止（或发现）并纠正财务报告中错报的金额虽然未达到和超过重要性水平，但仍应引起董事会和管理层重视，就应将该缺陷认定为重要缺陷。不构成重大缺陷和重要缺陷的内部控制缺陷，应认定为一般缺陷。

一旦企业的财务报告内部控制存在一项或多项重大缺陷，就不能得出该企业的财务报告内部控制有效的结论。因此，财务报告内部控制重大缺陷的认定十分关键，而区分一项内部控制缺陷是否构成了重大缺陷的分水岭是重要性水平，重要性水平之上的为重大错报，重要性水平之下的为重要错报或者一般错报。重要性水平的确定有两种方法：绝对金额法和相对比例法。绝对金额法即直接将某一绝对金额作为重要性水平，如将10000元作为重要性水平，则错报金额超过10000元的应该被认定为重大错报；相对比例法是将某一总体金额的一定比例作为重要性水平，如错报金额超过收入总额的1%的错报应当被认定为重大错报。

然而，重大缺陷、重要缺陷的界定是相对的，对于有下属单位的集团公司，如果下属单位存在重大缺陷，并不能表明集团公司存在重大缺陷，但至少应作为重要缺陷向董事会、管理层汇报，而下属单位的重要缺陷则应视对整个集团的影响及普遍程度确定是否属于集团重要缺陷，但下属单位重要缺陷至少应该向经理层汇报。

出现以下迹象之一的，通常表明财务报告内部控制可能存在重大缺陷：一是董事、监事和高级管理人员舞弊；二是企业更正已公布的财务报告；三是注册会计师发现当期财务报告存在重大错报，而内部控制在运行过程中未

---

[①]　合理可能性，是指大于微小可能性（几乎不可能发生）的可能性，确定是否具备合理可能性涉及评价人员的职业判断。

能发现该错报；四是企业审计委员会和内部审计机构对内部控制的监督无效。

需要说明的是，内部控制缺陷的严重程度并不取决于是否实际发生了错报，而是取决于该控制不能及时防止（或发现）并纠正潜在缺陷的可能性，即只要存在这种合理可能性，不论企业的财务报告是否真正发生了错报，都意味着财务报告内部控制存在缺陷。

### （二）非财务报告内部控制缺陷采用的认定标准

非财务报告内部控制缺陷，是指除财务报告目标之外的与其他目标相关的内部控制缺陷，包括战略内部控制缺陷、经营内部控制缺陷、合规内部控制缺陷、资产内部控制缺陷。非财务报告目标内部控制缺陷的认定具有涉及面广、认定难度大的特点，尤其是战略内部控制缺陷和经营内部控制缺陷。这是因为战略目标和经营目标的实现往往受到企业不可控的诸多外部因素的影响，所设计的内部控制只能合理保证董事会和经理层了解这些目标的实现程度。因此，在认定与这些目标相关的内部控制缺陷时，不能只考虑最终的结果，而应主要考察企业制定战略、开展经营活动的机制和程序是否符合内部控制要求，以及不适当的机制和制度对战略目标和经营目标的实现可能造成的影响。

非财务报告内部控制缺陷的认定可以采用定性和定量的认定标准，企业可以根据风险评估的结果，结合自身的实际情况、管理现状和发展要求合理确定。定量标准（即涉及金额的大小）既可以根据造成直接财产损失的绝对金额制定，也可以根据直接损失占本企业资产、销售收入及利润等的比率确定；定性标准（即涉及业务性质的严重程度）可根据其直接或潜在负面影响的性质、影响的范围等因素确定。

以下迹象通常表明非财务报告内部控制可能存在重大缺陷：一是违反法律、法规；二是除政策性亏损原因外，企业连年亏损，持续经营受到挑战；三是缺乏制度控制或制度系统性失效，如企业财务部、销售部控制点全部不能执行；四是并购重组失败，或新扩充下属单位的经营难以为继；五是子公司缺乏内部控制建设，管理散乱；六是企业管理层人员纷纷离开或关键岗位人员流失严重；七是被媒体频频曝光负面新闻；八是内部控制评价的结果特别是重大或重要缺陷未得到整改。

财务报告缺陷和非财务报告缺陷其实难以作严格的区分，例如，内部环境、重大安全事故等。如果对一项缺陷应属于财务报告缺陷还是非财务报告缺陷难以准确区分，制定标准时应本着是否影响财务报告目标的原则来区分。

## 二、内部控制缺陷认定步骤

### （一）财务报告缺陷认定步骤

结合财务报告内部控制缺陷的认定标准，财务报告内部控制缺陷的认定步骤如下：

1. 结合财务报告内部控制缺陷的迹象，判断是否可能存在财务报告内部控制缺陷。

2. 确定重要性水平和一般水平，以此作为判断缺陷类型的临界值。可采用绝对金额法或者相对比例法进行确定。

3. 抽样。按照业务发生频率的高低和账户的重要性确定抽样数量。

4. 计算潜在错报金额。根据控制点错报样本数量和样本量，在潜在错报率对照表中查找对应的潜在错报率，之后统计出相应账户的同向累计发生额，计算控制点潜在错报金额。其计算公式为：

潜在错报金额＝潜在错报率 × 相应账户的同向累计发生额

5. 如果重要性水平和一般水平是绝对金额，那么可直接将潜在错报金额合计数与其进行比较，判断缺陷类型；如果重要性水平和一般水平是相对数，需进一步计算错报指标再进行比较判断。错报指标的计算公式如下，其中，分母所选用的指标应与确定重要性水平的指标保持一致。

错报指标＝潜在错报金额合计数 ÷ 当期主营业务收入（或期末资产）

### （二）非财务报告缺陷认定步骤

非财务报告缺陷认定是组织内部管理的重要环节，旨在识别和解决非财务方面的问题，确保组织的健康和可持续发展。以下是详细的认定步骤：

1. 问题识别。首先，要明确非财务报告涉及的范围，包括战略、合规、运营、治理、内部控制等方面。然后，通过收集各方面的信息，发现可能存在的问题或不足，如流程不规范、制度缺失等。

2. 信息收集与分析。为了全面了解非财务报告存在的问题，需要收集更多的相关信息。这包括内部和外部环境的信息、历史数据和行业趋势等。在收集信息的基础上，运用分析工具和方法，对问题进行深入剖析，确定问题的性质和影响程度。

3. 初步结论。根据收集的信息和分析结果，初步判断是否存在非财务报告缺陷。如果存在缺陷，需要进一步分析其产生的原因和潜在风险，为后续的认定提供依据。

4. 沟通与复核。将初步结论与相关人员进行沟通，了解他们的观点和意见。通过充分的讨论和交流，对初步结论进行复核，确保认定的准确性。同时，也可以借此机会寻求改进和优化的建议。

5. 分类与分级。根据认定的非财务报告缺陷的性质和影响程度，将其进行分类和分级。这有助于组织明确优先级，有针对性地采取改进措施，确保资源的合理配置。

通过以上五个步骤，可以系统地完成非财务报告缺陷的认定工作。这不仅有助于提升组织的管理水平，还能为组织的可持续发展提供有力保障。

## 三、内部控制缺陷处理办法

内部控制缺陷按照成因分为设计缺陷和运行缺陷。对于设计缺陷，应从企业内部的管理制度入手查找原因，需要更新、调整、废止的制度要及时进行处理，并同时改进内部控制体系的设计，弥补设计缺陷的漏洞。对于运行缺陷，则应分析出现的原因，查清责任人，并有针对性地进行整改。

内部控制缺陷按照影响程度分为重大缺陷、重要缺陷和一般缺陷。对于重大缺陷，应当由董事会予以最终认定，企业要及时采取应对策略，切实将风险控制在可承受范围之内。对于重要缺陷和一般缺陷，企业应当及时采取措施，避免发生损失。企业应当编制内部控制缺陷认定汇总表，结合实际情况对内部控制缺陷的成因、表现形式和影响程度进行综合分析和全面复核，提出认定意见和改进建议，确保整改到位，并以适当形式向董事会、监事会或者经理层报告。

对于因内部控制缺陷造成经济损失的，企业应当查明原因，追究相关部门和人员的责任。

# 第三节　内部控制审计的计划与实施

## 一、内部控制审计的计划工作

审计人员根据所掌握的控制环境及其对财务报告完整性的影响，制订审计计划，确定项目负责人和项目团队成员，界定角色、责任和资源，制订项目计划、方法和报告要求。同时，将对风险的考虑贯穿整个计划过程，并考虑利用其他相关人员的工作。

### （一）内部控制审计业务约定书

只有当内部控制审计的前提条件得到满足，并且会计师事务所符合独立性要求，具备专业胜任能力时，会计师事务所才能接受或保持内部控制审计业务。

#### 1. 确定内部控制审计的前提条件

（1）在确定内部控制审计的前提条件是否得到满足时，注册会计师应当：

一是确定被审计单位采用的内部控制标准是否适当；

二是就被审计单位认可并理解其责任与治理层和管理层达成一致意见。

（2）被审计单位的责任包括：

一是按照适用的内部控制标准，建立健全和有效实施内部控制，以使财务报表不存在由于舞弊或错误导致的重大错报；

二是对内部控制的有效性进行评价并编制内部控制评价报告；

三是向注册会计师提供必要的工作条件，包括允许注册会计师接触与内部控制审计相关的所有信息（如记录、文件和其他事项），允许注册会计师在获取审计证据时不受限制地接触其认为必要的内部人员和其他相关人员等。

#### 2. 签订内部控制审计业务约定书

如果决定接受或保持内部控制审计业务，会计师事务所应当与被审计单位签订单独的内部控制审计业务约定书。业务约定书应当至少包括下列内容：①内部控制审计的目标和范围。②注册会计师的责任。③被审计单位的责任。

④指出被审计单位采用的内部控制标准。⑤提及注册会计师拟出具的内部控制审计报告的形式和内容，以及对在特定情况下出具的内部控制审计报告可能不同于预期形式和内容的说明。⑥审计收费。

### （二）审计工作人员安排

在计划审计工作时，项目合伙人需要统筹考虑审计工作，挑选相关领域的人员组成项目组，同时对项目组成员进行培训和督导，以合理安排审计工作。在整合审计中项目组人员的配备比较关键。

审计项目小组成员应当符合以下要求：①具有性质和复杂程度类似的内部控制审计经验。②熟悉企业内部控制相关规范和指引要求。③掌握《审计指引》和中国注册会计师执业准则的相关要求。④拥有与被审计单位所处行业相关的指示。⑤具有职业判断能力。

### （三）评价重要事项及其影响

在计划审计工作时，注册会计师需要评价下列事项对财务报表和内部控制是否有重要影响，以及有重要影响的事项将如何影响审计工作：①与企业相关的风险，包括在评价是否接受与保持客户和业务时，注册会计师了解的与企业相关的风险情况以及在执行其他业务时了解的情况。②相关法律、法规和行业概况。③企业组织结构、经营特点和资本结构等相关重要事项。④事业内部控制最近发生变化的程度。⑤与企业沟通过的内部控制缺陷。⑥重要性、风险等与确定内部控制重大缺陷的相关因素。⑦对内部控制有效性的初步判断。⑧可获取的、与内部控制有效性相关的证据的类型和范围。

此外，注册会计师还需要关注与财务报表发生重大错报的可能性和内部控制有效性相关的公开信息，以及企业经营活动的相对复杂程度。评价企业经营活动的相对复杂程度时，企业规模并非唯一指标，因为不只是规模较小的企业经营活动比较简单，一些规模较大和较复杂的企业，其某些业务单元或流程也可能比较简单。以下列示的是表明企业经营活动比较简单的因素：①经营范围较小。②经营流程及财务报告系统较简单。③会计职能较集中。④高级管理人员广泛参与日常经营活动。⑤管理层级较少，每个层级都有较大的管理范围。

### （四）贯彻风险评诂的原则

风险评估贯穿于整个审计过程，风险评估的理念及思路应当贯穿于整个审计过程的始终。实施风险评估时，可以考虑固有风险及控制风险。在计划审计工作阶段，对内部控制的固有风险进行评估，作为编制审计计划的依据之一。根据对控制风险评估的结果，调整计划阶段对固有风险的判断，这是个持续的过程。

通常，对企业整体风险的评估和把握由富有经验的项目管理人员完成。风险评估结果的变化将体现在具体审计步骤及关注点的变化中。

内部控制的特定领域存在重大缺陷的风险越高，给予该领域的审计关注就越多。内部控制不能防止或发现并纠正由于舞弊导致的错报风险，通常高于其不能防止或发现并纠正错误导致的错报风险。注册会计师应当更多地关注高风险领域，而没有必要测试那些即使有缺陷也不可能导致财务报表重大错报的控制。

在进行风险评估以及确定审计程序时，企业的组织结构、业务流程或业务单元的复杂程度可能产生的重要影响均是注册会计师应当考虑的因素。

### （五）总体审计策略的内容

注册会计师应当在总体审计策略中体现下列内容：

1.确定内部控制审计业务特征，以界定审计范围。例如，被审计单位采用的内部控制标准、注册会计师预期内部控制审计工作涵盖的范围、对组成部分注册会计师工作的参与程度、注册会计师对被审计单位内部控制评价工作的了解以及拟利用被审计单位内部相关人员工作的程度等。

对于按照权益法核算的投资，内部控制审计范围应当包括针对权益法下相关会计处理而实施的内部控制，但通常不包括针对权益法下被投资方的内部控制。

内部控制审计范围应当包括被审计单位在内部控制评价基准日（最近一个会计期间截止日，以下简称基准日）或在此之前收购的实体，以及在基准日作为终止经营进行会计处理的业务。注册会计师应当确定是否有必要对与这些实体或业务相关的控制实施测试。

如果法律法规的相关豁免规定允许被审计单位不将某些实体纳入内部控制评价范围，注册会计师可以不将这些实体纳入内部控制审计的范围。

2.明确内部控制审计业务的报告目标，以及计划审计的时间安排和所需沟通的性质。例如，被审计单位对外公布或报送内部控制审计报告的时间、注册会计师与管理层和治理层讨论内部控制审计工作的性质、时间安排和范围，注册会计师与管理层和治理层讨论拟出具内部控制审计报告的类型和时间安排以及沟通的其他事项等。

3.根据职业判断，考虑用以指导项目组工作方向的重要因素。例如，财务报表整体的重要性和实际执行的重要性、初步识别的可能存在重大错报的风险领域、内部控制最近发生变化的程度、与被审计单位沟通过的内部控制缺陷、对内部控制有效性的初步判断、信息技术和业务流程的变化等。

4.考虑初步业务活动的结果，并考虑对被审计单位执行其他业务时获得的经验是否与内部控制审计业务相关（如适用）。

5.确定执行内部控制审计业务所需资源的性质、时间安排和范围。例如，项目组成员的选择以及对项目组成员审计工作的分派，项目时间预算等。

## （六）具体审计计划的内容

注册会计师应当在具体审计计划中体现下列内容：
一是了解和识别内部控制的程序的性质、时间安排和范围。
二是测试控制设计有效性的程序的性质、时间安排和范围。
三是测试控制运行有效性的程序的性质、时间安排和范围。

## （七）对舞弊风险的评估

在计划和实施内部控制审计工作时，注册会计师应当考虑财务报表审计中对舞弊风险的评估结果。在识别和测试企业层面控制以及选择其他控制进行测试时，注册会计师应当评价被审计单位的内部控制是否足以应对识别出的、由于舞弊导致的重大错报风险，并评价为应对管理层和治理层凌驾于控制之上的风险而设计的控制。

被审计单位为应对这些风险可能设计的控制包括：
1.针对重大的非常规交易的控制，尤其是针对导致会计处理延迟或异常的交易的控制。
2.针对期末财务报告流程中编制的分录和作出的调整的控制。
3.针对关联方交易的控制。
4.与管理层的重大估计相关的控制。

5.能够减弱管理层和治理层伪造或不恰当操纵财务结果的动机和压力的控制。

如果在内部控制审计中识别出旨在防止或发现并纠正舞弊的控制存在缺陷，注册会计师应当按照《中国注册会计师审计准则第1141号——财务报表审计中与舞弊相关的责任》的规定，在财务报表审计中制定重大错报风险的应对方案时考虑这些缺陷。

### （八）利用其他人员的工作的评估

在计划审计工作时，注册会计师需要评估是否利用他人（包括企业的内部审计人员、内部控制评价人员、其他人员以及在董事会及其审计委员会指导下的第三方）的工作以及利用的程度，以减少可能本应由注册会计师执行的工作。

#### 1. 利用内部审计人员的工作的评估

如果决定利用内部审计人员的工作，注册会计师应当按照《中国注册会计师审计准则第1411号——利用内部审计人员的工作》的规定办理。

#### 2. 利用他人的工作的评估

如果利用他人的工作，注册会计师则需要评价该人员的专业胜任能力和客观性。专业胜任能力即具备某种专业技能、知识或经验，有能力完成分派的任务；客观性则是公正、诚实地执行任务的能力。专业胜任能力和客观性越高，可利用程度就越高，注册会计师就可以越多地利用其他工作。当然，无论人员的专业胜任能力如何，注册会计师都不应利用那些客观程度较低的人员的工作。同样地，无论人员的客观程度如何，注册会计师都不应利用那些专业胜任能力较低的人员的工作。通常认为，企业的内部控制审计人员拥有更多的专业胜任能力和客观性，注册会计师可以考虑更多地利用这些人员的相关工作。

在内部控制审计中，注册会计师利用他人工作的程度还受到与被测试控制相关的风险的影响。与某项控制相关的风险越高，可利用他人工作的程度就越低，注册会计师就需要更多地对该项控制亲自进行测试。

如果其他注册会计师负责审计企业的一个或多个分部、分支机构、子公司等组成部分的财务报表和内部控制，注册会计师应当按照《中国注册会计师准则第1401号——对集团财务报表审计的特殊考虑》的规定，确定是否利用其他注册会计师的工作。

### （九）编制内部控制审计底稿

内部控制审计工作底稿，是注册会计师对制订的审计计划、实施的审计程序、获取的相关审计证据，以及得出的审计结论等的记录。注册会计师编制审计工作底稿可以为审计工作提供充分、适当的记录，作为出具审计报告的基础。同时，也为注册会计师证明其按照指引的规定执行了审计工作提供证据。

由于内部控制审计更多的是建立在整合审计的基础上，如何形成内部控制审计工作底稿成为实施指引的关键。目前有两种看法：一种看法是，将内部控制审计工作底稿并入财务报表审计工作底稿，形成一套工作底稿。另一种看法是，无论是否实施整合审计，内部审计工作底稿单独归档，形成独立的工作底稿。

《审计指引》采取了后一种做法，即如果企业聘请两家会计师事务所分别审计其内部控制和财务报表，毫无疑问，两家会计师事务所应当分别形成内部控制审计工作底稿和财务报表审计工作底稿。如果由一家会计师事务所同时审计内部控制和财务报表，那么注册会计师还是应当分别形成内部控制审计工作底稿和财务报表审计工作底稿，只不过整合审计部分形成的工作底稿，既可以归档到内部控制审计工作底稿中，又可以归档到财务报表审计工作底稿中，两套工作底稿之间建立交叉索引，以减轻注册会计师编制工作底稿的负担。

注册会计师应当按照我国相关审计准则以及《审计指引》的规定，编制内部控制审计工作底稿，完整地记录审计工作情况。

《中国注册会计师审计准则第1131号——审计工作底稿》规定，注册会计师应当在审计工作底稿中记录下列内容：①内部控制审计计划及重大修改情况。②相关风险评估和选择拟测试的内部控制的主要过程及结果。③测试内部控制设计与运行有效性的程序及结果。④对识别的控制缺陷的评价。⑤形成的审计结论和意见。⑥其他重要事项。

## 二、内部控制审计的实施工作

在实施审计工作阶段，按照自上而下的方法，注册会计师的工作主要包括识别企业层面控制，识别重要账户、列报及其相关认定，了解错报的可能来源，选择拟测试的控制，测试控制设计的有效性，测试控制运行的有效性。

## （一）自上而下的审计

### 1. 从财务报表层次初步了解内部控制的整体风险

如何对内部控制进行审计，涉及内部控制审计的基本思路。《审计指引》第十条规定，注册会计师应当按照自上而下的方法实施审计工作。自上而下的方法是注册会计师识别风险、选择拟测试控制的基本思路。

在财务报告内部控制审计中，自上而下的方法始于财务报表层次，以注册会计师对财务报告内部控制整体风险的了解开始；然后，注册会计师将关注重点放在企业层面的控制上，并将工作逐渐下移至重大账户、列报及相关的认定。这种方法引导注册会计师将注意力放在显示有可能导致财务报表及相关列报发生重大错报的账户、列报及认定上。然后，注册会计师验证其了解到的业务流程中存在的风险，并就已评估的每个相关认定的错报风险，选择足以应对这些风险的业务层面控制进行测试。

在非财务报告内控审计中，自上而下的方法始于企业层面控制，并将审计测试工作逐步下移到业务层面控制。

自上而下的审计方法，描述了注册会计师在识别风险以及拟测试的控制时的连续思维过程，但并不一定是注册会计师执行审计程序的顺序。

### 2. 识别、了解和测试有重要影响的企业层面控制

注册会计师应当识别、了解和测试对内部控制有效性有重要影响的企业层面控制。注册会计师对企业层面控制的评价，可能增加或减少本应对其他控制进行的测试。

（1）企业层面控制对其他控制及其测试的影响

不同的企业层面控制在性质和精确度上存在差异，注册会计师应当从下列方面考虑这些差异对其他控制及其测试的影响：

第一，某些企业层面控制，如与控制环境相关的控制，对及时防止或发现并纠正相关认定的错报的可能性有重要影响。虽然这种影响是间接的，但这些控制仍然可能影响注册会计师拟测试的其他控制，以及测试程序的性质、时间安排和范围。

第二，某些企业层面控制旨在识别其他控制可能出现的失效情况，能够监督其他控制的有效性，但还不足以精确到及时防止或发现并纠正相关认定的错报。当这些控制运行有效时，注册会计师可以减少对其他控制的测试。

第三，某些企业层面控制本身能够精确到足以及时防止或发现并纠正相

关认定的错报。如果一项企业层面控制足以应对已评估的错报风险，注册会计师就不必测试与该风险相关的其他控制。

（2）企业层面控制的内容

企业层面控制包括下列内容：

第一，与控制环境（即内部环境）相关的控制；

第二，针对管理层和治理层凌驾于控制之上的风险而设计的控制；

第三，被审计单位的风险评估过程；

第四，对内部信息传递和期末财务报告流程的控制；

第五，对控制有效性的内部监督（即监督其他控制的控制）和内部控制评价。

此外，集中化的处理和控制（包括共享的服务环境）、监控经营成果的控制以及针对重大经营控制及风险管理实务的政策也属于企业层面控制。

（3）对期末财务报告流程的评价

期末财务报告流程对内部控制审计和财务报表审计有重要影响，注册会计师应当对期末财务报告流程进行评价。期末财务报告流程包括：

第一，将交易总额登入总分类账的程序；

第二，与会计政策的选择和运用相关的程序；

第三，总分类账中会计分录的编制、批准等处理程序；

第四，对财务报表进行调整的程序；

第五，编制财务报表的程序。

注册会计师应当从下列方面评价期末财务报告流程：①被审计单位财务报表的编制流程，包括输入、处理及输出。②期末财务报告流程中运用信息技术的程度。③管理层中参与期末财务报告流程的人员。④纳入财务报表编制范围的组成部分。⑤调整分录及合并分录的类型。⑥管理层和治理层对期末财务报告流程进行监督的性质及范围。

### 3. 识别重要的账户、列报及其相关认定

注册会计师应当基于财务报表层次识别重要账户、列报及其相关认定。

如果某账户或列报可能存在一个错报，该错报单独或连同其他错报将导致财务报表发生重大错报，则该账户或列报为重要账户或列报。判断某账户或列报是否重要，应当依据其固有风险，而不应考虑相关控制的影响。

如果某财务报表认定可能存在一个或多个错报，这些错报将导致财务报

表发生重大错报，则该认定为相关认定。判断某认定是否为相关认定，应当依据其固有风险，而不应考虑相关控制的影响。

为识别重要账户、列报及其相关认定，注册会计师应当从下列方面评价财务报表项目及附注的错报风险因素：①账户的规模和构成。②易于发生错报的程度。③账户或列报中反映的交易的业务量、复杂性及同质性。④账户或列报的性质。⑤与账户或列报相关的会计处理及报告的复杂程度。⑥账户发生损失的风险。⑦账户或列报中反映的活动引起重大或有负债的可能性。⑧账户记录中是否涉及关联方交易。⑨账户或列报的特征与前期相比发生的变化。

在识别重要账户、列报及其相关认定时，注册会计师还应当确定重大错报的可能来源。注册会计师可以通过考虑在特定的重要账户或列报中错报可能发生的领域和原因，确定重大错报的可能来源。

在内部控制审计中，注册会计师在识别重要账户、列报及其相关认定时应当评价的风险因素，与财务报表审计中考虑的因素相同。因此，在这两种审计中识别的重要账户、列报及其相关认定应当相同。

如果某账户或列报的各组成部分存在的风险差异较大，被审计单位可能需要采用不同的控制以应对这些风险，注册会计师应当分别予以考虑。

### 4. 了解潜在错报的来源

注册会计师应当实现下列目标，以进一步了解潜在错报的来源，并为选择拟测试的控制奠定基础：

第一，了解与相关认定有关的交易的处理流程，包括这些交易如何生成、批准、处理及记录；

第二，验证注册会计师识别出的业务流程中可能发生重大错报（包括由于舞弊导致的错报）的环节

第三，识别被审计单位用于应对这些错报或潜在错报的控制；

第四，识别被审计单位用于及时防止或发现并纠正未经授权的、导致重大错报的资产取得、使用或处置的控制。

注册会计师应当亲自执行能够实现上述目标的程序，或对提供直接帮助的人员的工作进行督导。

穿行测试通常是实现上述目标的最有效方式。穿行测试是指追踪某笔交易从发生到最终被反映在财务报表中的整个处理过程。注册会计师在执行穿

行测试时，通常需要综合运用询问、观察、检查相关文件及重新执行等程序。

在执行穿行测试时，针对重要处理程序发生的环节，注册会计师可以询问被审计单位员工对规定程序及控制的了解程度。实施询问程序连同穿行测试中的其他程序，可以帮助注册会计师充分了解业务流程，识别必要控制设计无效或出现缺失的重要环节。为有助于了解业务流程处理的不同类型的重大交易，在实施询问程序时，注册会计师不应局限于关注穿行测试所选定的单笔交易。

### 5. 获取控制有效性的审计证据

注册会计师应当针对每一相关认定获取控制有效性的审计证据，以便对内部控制整体的有效性发表意见，但没有责任对单项控制的有效性发表意见。

注册会计师应当对被审计单位的控制是否足以应对评估的每个相关认定的错报风险形成结论。因此，注册会计师应当选择对形成这一评价结论具有重要影响的控制进行测试。

对特定的相关认定而言，可能有多项控制用以应对评估的错报风险。反之，一项控制也可能应对评估的多项相关认定的错报风险。注册会计师没有必要测试与某项相关认定有关的所有控制。

在确定是否测试某项控制时，注册会计师应当考虑该项控制单独或连同其他控制，是否足以应对评估的某项相关认定的错报风险，而不论该项控制的分类和名称如何。

### （二）测试控制的有效性的具体内容

#### 1. 测试控制设计的有效性情况

注册会计师应当测试控制设计的有效性。如果某项控制由拥有有效执行控制所需的授权和专业胜任能力的人员按规定的程序和要求执行，能够实现控制目标，从而有效地防止或发现并纠正可能导致财务报表发生重大错报的错误或舞弊，则表明该项控制的设计是有效的。

#### 2. 测试控制运行的有效性情况

注册会计师应当测试控制运行的有效性。如果某项控制正在按照设计运行、执行人员拥有有效执行控制所需的授权和专业胜任能力，能够实现控制目标，则表明该项控制的运行是有效的。

如果被审计单位利用第三方的帮助完成一些财务报告工作，注册会计师在评价负责财务报告及相关控制的人员的专业胜任能力时，可以一并考虑第三方的专业胜任能力。

注册会计师获取的有关控制运行有效性的审计证据包括：①控制在所审计期间的相关时点是如何运行的。②控制是否得到一贯执行。③控制由谁或以何种方式执行。

### 3. 测试控制有效性的具体程序

注册会计师通过测试控制有效性获取的审计证据，取决于其实施程序的性质、时间安排和范围的组合。此外，就单项控制而言，注册会计师应当根据与控制相关的风险对测试程序的性质、时间安排和范围进行适当的组合，以获取充分、适当的审计证据。

注册会计师测试控制有效性的程序，按其提供审计证据的效力，由弱到强排序通常为：询问、观察、检查和重新执行。询问本身并不能为得出控制是否有效的结论提供充分、适当的审计证据。

测试控制有效性的程序，其性质在很大程度上取决于拟测试控制的性质。某些控制可能存在反映控制有效性的文件记录，而另外一些控制，如管理理念和经营风格，可能没有书面的运行证据。

对缺乏正式的控制运行证据的被审计单位或业务单元，注册会计师可以通过询问并结合运用其他程序，如观察活动、检查非正式的书面记录和重新执行某些控制，获取有关控制是否有效的充分、适当的审计证据。

注册会计师在测试控制设计的有效性时，应当综合运用询问适当人员、观察经营活动和检查相关文件等程序。注册会计师执行穿行测试通常足以评价控制设计的有效性。

注册会计师在测试控制运行的有效性时，应当综合运用询问适当人员、观察经营活动、检查相关文件以及重新执行等程序。

### 4. 控制有效性测试的涵盖期间

对控制有效性的测试涵盖的期间越长，提供的控制有效性的审计证据越多。

单就内部控制审计业务而言，注册会计师应当获取内部控制在基准日之前一段足够长的期间内有效运行的审计证据。在整合审计中，控制测试所涵盖的期间应当尽量与财务报表审计中拟信赖内部控制的期间保持一致。

注册会计师执行内部控制审计业务旨在对基准日内部控制有效性出具报告。如果已获取有关控制在期中运行有效性的审计证据，注册会计师应当确定还需要获取哪些补充审计证据，以证实剩余期间控制的运行情况。在将期中测试结果更新至基准日时，注册会计师应当考虑下列因素以确定需要获取的补充审计证据：①基准日之前测试的特定控制，包括与控制相关的风险、控制的性质和测试的结果。②期中获取的有关审计证据的充分性和适当性。③剩余期间的长短。④期中测试之后，内部控制发生重大变化的可能性。

### 5. 控制测试的时间安排

对控制有效性测试的实施时间越接近基准日，提供的控制有效性的审计证据越有力。为了获取充分、适当的审计证据，注册会计师应当在下列两个因素之间作出平衡，以确定测试的时间：一是尽量在接近基准日实施测试；二是实施的测试需要涵盖足够长的期间。

整改后的内部控制需要在基准日之前运行足够长的时间，注册会计师才能得出整改后的内部控制是否有效的结论。因此，在接受或保持内部控制审计业务时，注册会计师应当尽早与被审计单位沟通这一情况，并合理安排控制测试的时间，留出提前量。

### 6. 评估控制相关风险并确定获取相关证据

在测试所选定控制的有效性时，注册会计师需要根据与控制相关的风险，确定所需获取的证据。与控制相关的风险包括控制可能无效的风险和因控制无效而导致重大缺陷的风险。与控制相关的风险越高，注册会计师需要获取的证据就越多。

与某项控制相关的风险受下列因素的影响：①该项控制拟防止或发现并纠正的错报的性质和重要程度。②相关账户、列报及其认定的固有风险。③相关账户或列报是否曾经出现错报。④交易的数量和性质是否发生变化，进而可能对该项控制设计或运行的有效性产生不利影响。⑤企业层面控制（特别是对控制有效性的内部监督和自我评价的有效性）。⑥该项控制的性质及其执行频率。⑦该项控制对其他控制（如内部环境或信息技术一般控制）有效性的依赖程度。⑧该项控制的执行或监督人员的专业胜任能力，以及其中的关键人员是否发生变化。⑨该项控制是人工控制还是自动化控制。⑩该项控制的复杂程度，以及在运行过程中依赖主观判断的程度。

针对每一项相关认定，注册会计师都需要获取控制有效性的证据，以便对内部控制整体的有效性单独发表意见，但注册会计师没有责任对单项控制的有效性发表意见。

对于控制运行偏离设计的情况（即控制偏差），注册会计师需要考虑该偏差对相关风险评估、需要获取的证据以及控制运行有效性结论的影响。

例如，注册会计师在测试某项关于现金支付的控制有效性时，在抽取的25个样本中发现某样本没有按照该项控制的设计要求由适当层级的人员签字。此时，注册会计师通常会要求企业的相关人员予以解释，并判断解释的合理性，同时相应地扩大样本量，如果没有再发现控制偏差，则认为该控制偏差并不构成控制缺陷。

注册会计师通过测试控制有效性获取的证据，取决于实施程序的性质、时间安排和范围的组合。就单项控制而言，注册会计师应当根据与该项控制相关的风险，适当确定实施程序的性质、时间安排和范围，以获取充分、适当的证据。

# 第四节　内部控制评价与审计的协调发展

## 一、内部审计在内部控制中的作用分析

在现代企业管理的建设和实施中，内部控制体系作为全员参与的管理手段，有助于提升企业内部管理水平和风险防范能力，增强企业的核心竞争力，对企业市场占有率的扩大起到促进作用。内部审计作为企业内部控制体系的组成部分，发挥着重要作用[①]。

### （一）内部控制和内部审计的关系

内部控制和内部审计两者都属于企业管理活动，而内部控制的范围要广于内部审计。内部控制是单位内部检查经营活动、防范经营风险的一系列制度安排，包含企业运营的方方面面。例如，采购活动中的权限审批制度、销售活动中的合同签订及各项单据的核对、财务活动中原始凭据的审核与记录。

---

① 倪珺. 浅析内部审计在内部控制中的作用 [J]. 天津经济，2021,（04）：54-56.

内部审计是内部控制的一项要素，是一项专门的鉴证业务，它有责任对内部控制进行监督和评价，是企业防范经营风险不可缺少的屏障。内部控制包括内部审计，内部审计是对内部控制制定和评价的手段。

## （二）内部审计在内部控制中的责任

2014 年 1 月 1 日起施行的《中国内部审计准则及具体准则》第 2201 号"内部审计具体准则——内部控制审计"中有第四条"内部审计的责任是对内部控制设计和运行的有效性进行审查和评价，出具客观、公正的审计报告，促进组织改善内部控制及风险管理"，第五条"内部控制审计应当以风险评估为基础，根据风险发生的可能性和对组织单个或者整体控制目标造成的影响程度，确定审计的范围和重点"。可以看出，企业内部控制、风险管理、财务管理等项目的实施效果，要由内部审计部门运用系统化和规范化的方法对其作出独立及客观的评价，达到改进企业风险管理、控制和治理过程的效果。

## （三）内部控制中内部审计发挥的作用

### 1. 有利于内部控制评价的有效性

内部审计部门对内部控制的评价主要有体系设计评价和执行有效性评价两种。设计良好的内控体系可以保证企业有效控制风险，同时对内控体系的有效控制又可以体现内控设计的准确性。

在实践过程中，企业往往在确定销售方案的同时，相应的采购、生产计划也随之制订完成；在签订合同的同时，款项收付的方式、违约问题如何处理也随之确定。在这一系列的业务活动中涉及了企业诸多平行部门，内部审计准则中要求内部审计部门不应直接参与企业的业务活动，属于独立于企业经营活动的执行部门。其作为监督企业的各项业务和管理活动的部门，应按照特定的审阅及评价方法，对各项风险点的制度设计及制度的执行情况，进行有效的评价，从而及时发现内部控制系统中的薄弱环节和潜在风险，提出合理的管理建议，保证企业正常经营活动目标的实现。

### 2. 有利于日常的内部控制监督

内部控制在企业管理中不是一成不变的，它是一个动态发展的体系，而内部审计为了更好发挥其应有的作用，要对这一动态系统实行动态及持续的监督。这一监督过程渗透在企业管理的方方面面，通常包括日常管理活动和监控活动。

这项持续的监督过程涉及内部控制各个要素，为了更好地对内部控制的实施进行监督，要求内部审计人员熟悉企业生产经营的各个环节，参与业务活动事前、事中、事后的控制和监督。例如，在企业招投标管理中，应根据《招投标法》、企业内部招投标管理制度的规定，对招标文件、投标企业资质进行事前监督；对开标、评标和定标过程中的合规性、科学性进行事中评价；对中标企业中标通知书的发放、合同的订立和签署及合同实施过程进行事后跟踪。

### 3. 有利于内部控制的管理咨询服务

鉴于内部审计在内部控制体系中的特殊作用，要求内部审计工作人员要先于企业其他部门及外部审计人员了解企业内部控制体系的全部内容，并能将体系和总的要求融入到企业的经营和管理活动中。因此，《内部审计基本准则》中提到的内审人员对内控体系提供咨询服务的要求，在实际工作中就有了现实意义，更为体系建设起到了积极的促进作用。内部审计人员以检查者的身份帮助各相关部门理解、运用内控体系，一般是通过对总公司的职能部门和下级公司对应部门提供有关内部控制的咨询服务，来促进内部审计部门评价与控制单位的自身业务，企业各部门、各层级共同承担管理风险，充分发挥内部审计部门防范风险的重要作用。

## （四）充分发挥内部审计在内部控制中的作用措施

### 1. 完善内部控制制度和内部审计制度

企业内部控制的全面性和适用性，决定了内部审计评价的优劣，也是内审机构开展内控审计的基础。一是企业应根据自身战略目标、企业文化、经营策略和措施、市场环境和定位等多方面进行内控度设计。二是随着企业现代管理体制的建立，经营方针、法人治理结构的变动，应对内部控制制度进行动态调整，以便紧跟企业发展步伐。三是企业应建立符合自身特点的激励机制，明确工作任务，营造全员有"目标"的工作氛围。四是企业应在内部审计制度中明确内控监督和评价项目，以便内审人员"有章可循"，明确审计内容和规范标准。

### 2. 确保内部审计的独立性，树立正确的审计观念

现代企业管理制度已深入到企业的各个环节，对企业经营的发展、企业价值的提升起到重要作用。在企业中保证内审机构的独立性，树立正确的内

部审计观念，发挥符合企业实际的内部审计职能，可以使企业管理水平得到提高、防范风险能力得到加强。一方面，为了客观地对审计项目实施审计，公平、公正地得出审计结论，审计部门的独立性就显得尤为重要。审计部门只有独立于被审计部门、被审计项目，审计的作用才能充分发挥，避免受到掣肘。另一方面，内审人员的理念由被动审计转为主动审计，也能更好地发挥内部审计作用，促进企业健康发展。

### 3. 提升内审人员的水平和素质

内部审计能否对企业经营管理起到作用，内审人员的专业水平和素质起到了关键的作用。这就要求内审人员不仅要精通财务、审计知识，还要熟悉本企业的业务结构和相应的专业知识。同时，也需要企业采取完善的培训机制来促进内审人员的知识结构更新，使内审人员业务精湛、技术过硬，工作水平和责任感得到不断提高，能够适应不断发展的审计形势的需要。

总之，随着我国企业国际化进程的加快，健全的内部控制体系和严谨的评价、监督机制将成为企业现代化管理的关键。内部审计和内控机制密切相关，充分发挥内部审计在内部控制中的作用，对实际工作中内控制度的实施、评价和监督显得尤为重要。

## 二、内部控制评价与内部控制审计协调发展的思考

由于不同企业战略目标、组织架构、业务类型、经营规模不尽相同，对相关法律法规的认识和理解程度也有差异，在开展内部控制评价和审计业务活动中，还存在很大误区，严重影响着企业内部控制体系建设的推进。

### （一）内部控制评价与内部控制审计存在的问题

### 1. 目标不明，缺乏沟通

一些企业董事会、审计委员会、内部控制评价部门、注册会计师等纵向之间，内部控制评价部门内部、内部控制评价工作组与被评价部门横向之间，缺少有效的工作沟通和交流。有的把内部控制评价和内部控制审计完全看成是监管部门的要求；有的不让注册会计师了解情况，不与注册会计师协商；有的不向企业经营决策层反映相关重大事项，造成评价者与被评价者、审计者与被审计者的沟通不顺畅。评价者和审计者认为下属单位不愿意接受更多的监管或者牵制，被评价者、被审计者认为上级部门无事生非、故意找茬，

同时，也造成内部控制评价意见和内部控制审计意见不一致。①

### 2. 表面形式，效果不显

有的企业消极对待内部控制评价和内部控制审计过程，不针对企业本身的内部环境来设置内部控制评价部门，不组成内部控制评价工作组；有的虽然组成内部控制评价工作组，但职责不明确，内部控制评价和审计的实施没有重点内容且缺乏针对性；有的企业未开展内部控制评价就要求注册会计师实施年度内部控制审计，对注册会计师开展的内部控制审计工作计划、进度、结果也不予关注，直接把内部控制审计报告的结果，照葫芦画瓢编制内部控制评价报告。疲于应付，为评价而评价、为审计而审计、为出具报告而评价或审计。

### 3. 能力不够，忽视培训

有的企业内部控制专业人员力量严重不足或能力不够，内部控制评价工作方案仅仅为一些原则上的要求，没有具体的组织形式、工作进度、人员分工、工作重点、工作底稿编制等相关要素，不能通过内部控制评价和内部控制审计工作揭示内部控制存在的缺陷，也识别不了企业经营业务和内部管理方面存在的风险等级，造成企业无法运用内部控制体系建设结果，企业决策层不重视企业内部控制相关专业人员的培训和培养。久而久之，形成不良影响甚至恶性循环，削弱了内部控制评价和内部控制审计的积极作用。

### （二）内部控制评价和内部控制审计协调发展的基础

内部控制评价是由企业董事会或类似权力机构授权企业内部控制评价部门，在遵循全面性、重要性、客观性原则的基础上，按照一定的方式、程序和要求，对内部控制的有效性进行全面评价并出具评价报告的过程。从董事会授权谁去组织实施，到披露上报内部控制评价报告这个过程，是企业内部相关部门或岗位在纵向或横向之间实现的审批、执行、沟通等内部程序。评价内部控制的有效性是企业董事会的责任，董事会对内部控制评价报告的真实性负责。内部控制审计是会计师事务所接受企业委托后，由注册会计师对企业内部控制设计与运行的有效性进行审计，并发表审计意见、出具审计报告的过程。聘请会计师事务所开展内部控制审计是企业建设与实施内部控制

---

① 何如. 内部控制评价与内部控制审计协调的实践与思考 [J]. 预算管理与会计，2022，（02）：58-61.

的重要环节，企业应就该项业务与会计师事务所签订单独的业务约定书，约定有关费用标准，对会计师事务所审计资源的投入和审计质量提出具体要求。注册会计师的审计责任是对内部控制的有效性发表审计意见。内部控制评价与内部控制审计的目的都是促进企业未来又好又快的可持续健康发展，因此二者在很多方面都有协同之处。

### 1. 工作对象和工作内容的协调

一是内部控制评价和内部控制审计工作对象都是企业某一阶段内部控制体系设计和运行的有效性，并且二者关注的重点都是重要业务单位、企业重大事项和高风险业务。二是二者使用手段也具有相似性，在现场测试中，一般都是访谈、问卷调查、专题研讨、抽样检查、现场查验、分析比较等多种手段混合运用。三是二者在分析内部控制可能存在的重大缺陷、重要缺陷、一般缺陷的标准上也具有一致性，而且要求企业对存在缺陷、问题进行整改的目标和措施也是一致的。

### 2. 组织架构的协调

内部控制评价由董事会或类似主管机构领头，由专门的内部控制部门具体负责，以评估内部控制体系及相关措施的有效性，形成评价结论，并出具评价报告。内部控制审计则是由接受委托的会计师事务所通过确认、评价企业内部控制是否有效，从而识别风险、评估风险及帮助企业应对风险。可见，不管是董事会或类似主管机构还是会计师事务所，二者的专业性或是独立性都是一致的。从实际情况来看，大多数企业内部控制部门及会计师事务所都具备较强的专业能力和较高的职业素质。因此，可以有效指引内部控制评价报告。在内部控制评价过程中，企业应自觉接受内部控制评价或内部控制审计提出的合理性建议，从上到下、从内到外全方位防范控制缺失。

### 3. 评价结果的协调

无论是内部控制评价还是内部控制审计，都是对内控的有效性发表意见，并最终都会形成报告。两者都会对特定日期与会计报表相关的内部控制有效性的认定进行审核，并对某个截止日期的财务报告内部控制的有效性发表意见。需要注意的是，内部控制评价在性质上属于企业的高层领导机构对企业运作的自我审视和自我评价，评价结果更有针对性，也更能体现企业的特殊性与重要性，相比审计报告而言更主观一些，因此只能将其作为一种辅助。

而内部控制的审计报告则是依托于独立、专业的会计师事务所进行，其专业性和权威性更强，能够更客观地指出企业内部控制评价的缺失，提出更大众化的普遍意义上的建设意见与措施，帮助企业防范可能发生的财务风险。

### （三）加强内部控制评价和内部控制审计协调发展的关键环节

企业应当立足于行业特点和企业实际，在遵循法律规范的基础上，协调做好年度内部控制评价和内部控制审计工作。

#### 1. 设置明确的内部控制评价部门

企业可以根据组织架构、经营规模和发展战略的需要，设置内部控制评价部门，开展内部控制评价工作。由于企业内部审计机构处于相对独立的地位，工作性质和人员的业务专长与内部控制评价工作有着密切的联系，因此企业内部审计机构可以具体实施内部控制评价工作；对于经营规模和风险较大、内部信息系统复杂且健全的企业，可以设置专门的内部控制机构，组织实施内部控制评价，直接向董事会负责；也可以根据需要成立非常设专门机构，开展内部控制评价工作；企业还可以在完善内部控制体系建设、编制或者修订内部控制手册时期，聘请中介机构帮助开展内部控制评价。但需要注意，聘请帮助企业开展内控体系建设的中介机构不能同时开展内部控制审计。内部控制评价部门在具体部署内部控制评价工作时，可以组织企业内部审计、财务、人事、投资、纪检、生产、经营等管理机构不同业务方面的专业人员加入内部控制评价工作组。

#### 2. 同步开展内部控制评价及内部控制审计工作

企业年度内部控制评价报告的基准日是 12 月 31 日，按有关规定，内部控制审计应当在接近内部控制评价基准日实施测试；在内部控制审计的计划阶段，注册会计师应当对企业内部控制自我评价工作进行评估；在审计实施阶段，应当关注企业对内部控制有效性的自我评价情况；在审计完成阶段，被审计单位要向注册会计师提供书面声明，书面声明包含对内部控制有效性作出评价结论，以及在内部控制评价基准日后，企业内部控制是否发生重大变化或者发生对内部控制具有重要影响的相关因素。因此，内部控制审计不能脱离企业内部控制评价工作而孤立开展。内部控制评价工作也无需背着内部控制审计而实施。企业内部控制评价部门协调注册会计师做好审前准备、现场测试、缺陷认定等活动，既是学习和了解相关专业技能的过程，也是组织开展内部控制评价的过程。要把注册会计师开展内部控制审计的业务活动贯穿到企业内部控制评价工作中，同步开展内部控制评价工作，使得注册会计师在内部控制评价工作中给予指导和服务，从而促进提高内部控制评价工作质量。注册会计师也因此能够及时了解企业内部控制评价工作进度情况，因为只有了解单位内部控制评价工作的实施过程，才能对企业开展内部控制评价情况和结果发表意见，并且根据实际情况决定是否利用内部控制评价相关结果。内部控制审计本身就是一项鉴证服务业务，该项业务包含了对企业建立和实施内部控制的服务和咨询，这与《企业内部控制基本规范》第十条"为企业内部控制控制提供咨询的会计师事务所，不得同时为同一企业提供内部审计服务"不相矛盾。

### 3. 规范内部控制评价的工作方案程序

企业内部控制评价部门可以在拟定内部控制评价工作方案之前，召开企业分管领导和相关部门、注册会计师参加的沟通协调会，梳理当年度企业重大投资决策和经营活动、重大组织机构变化、重要内部管理制度执行、以往年度内部控制缺陷和问题整改等情况，讨论确定纳入本年度内部控制评价范围和内部控制审计范围的不同业务类型、不同规模的各下属单位和机构，提出需要关注的重大事项和高风险业务；讨论拟定吸收哪些内部机构中熟悉情况的业务骨干加入内部控制评价工作组，明确工作组组长以及当年度内部控制评价工作时间进度、工作步骤、人员分工、工作底稿编制、内部控制评价报告时间和审批流程、费用预算等。在此基础上编制完成内部控制评价工作方案，按规定报董事会审批后组织开展。

### 4. 重视内部控制设计缺陷的初步认定

内部控制评价工作组通过个别访谈、调查问卷、专题讨论、穿行测试、实地查验、抽样比较分析等现场工作阶段后，编制内部控制评价工作底稿，记录各被评价事项存在的缺陷和问题，分析内部控制缺陷性质和产生原因，与被评价单位讨论拟定整改和纠正的初步意见和措施。对于设计缺陷，应从企业内部的管理制度和业务流程入手查找原因，明确需要更新、调整、废止的相关制度和责任部门；对于运行缺陷，应当分析原因，查清流程缺陷和责任部门；对于存在重大问题和重大缺陷的事项要收集充分的证明材料，并根据具体事项提出将风险控制在可承受度之内的初步措施和预案。

### 5. 加强内部控制缺陷针对性的整改

内部控制评价部门应该及时跟踪了解内部控制评价工作组的项目进度，汇总整理内部控制评价工作底稿，必要时召开协调会，采取适当形式将内部控制评价和内部控制审计过程中的重大事项上报董事会、监事会、或者管理层，以便企业决策层及时掌握企业内部发生的重大问题和重大缺陷，确定下一步整改步骤和措施。内部控制评价发现问题和认定缺陷至内部控制评价报告编制完成期间，是企业对存在问题和缺陷进行整改纠错的最佳阶段。各被评价单位可以在注册会计师的指导之下，对提出的内部控制一般缺陷、重要缺陷、重大缺陷，有针对性的进行整改和纠正，并将整改结果上报内部控制评价部门和注册会计师，以便内部控制评价报告和内部控制审计报告结论的最终定性。

### 6. 规范披露报送内部控制审计和内部控制评价报告的程序

内部控制评价部门应当结合企业内部相关部门和单位对内部控制体系的设计或者运行缺陷的整改情况，拟定内部控制评价报告。内部控制评价报告在上报董事会、审计委员会审议之前，可以召开公司分管领导和相关部门参加的协调会，内部控制评价部门总结年度内部控制评价工作情况，对内部控制评价报告的编制、认定的一般缺陷、重要缺陷、重大缺陷和整改等情况予以说明。注册会计师也可以将初步完成的内部控制审计报告在协调会上一并进行沟通，实现内部控制评价意见和内部审计审计意见的一致。董事会审议通过内部控制评价和内部控制审计结果后，企业应该根据相关规定，在基准日后的4个月内，同时对外披露报送内部控制审计报告和内部控制评价报告。

# 第七章　财务会计内部控制的实践应用研究

## 第一节　保险公司财务内部控制有效性

现代社会人们的保险意识越来越强，保险行业得到了快速发展，保险市场竞争也愈发激烈。内部控制是现代企业发展的重要保障。财务是企业的核心，开展财务内部控制得到了企业的普遍关注。保险公司财务内部控制目前还存在诸多问题。财务内部控制有效性的实施，能够降低保险公司的成本，确保财务数据的真实可靠，保障公司的财产安全，提高保险公司在市场上的竞争力。

### 一、保险公司财务内部控制概述

#### （一）保险公司主要财务风险

保险公司主要的财务风险包括：一是现金流动性风险。保险公司要有充足的流动性资金为客户及时支付赔偿金以及处理客户退保问题等。二是营运风险。保险行业竞争越来越激烈，部分保险公司为了扩大市场份额争取大额保险业务，实施延缓收取保费制度，使保险公司增加了应收保费。如果保险客户不守信用，不按时缴纳保费，会使保险公司增加坏账损失风险。三是费用控制风险。保险公司在实际运营中出现的费用较多，主要有佣金支出和赔款支出，此外还有管理费用，如购买机器设备、办公用品、礼品等，容易发生费用控制风险。四是资产负债匹配风险。保险公司的负债主要来源于流动性高、期限不固定、有预定利率成本的（保险合同准备金）。长期低匹配度的资产负债容易使保险公司的资产遭受无形损失。短期匹配度低的资产负债会使其经营受到市场利率变动的影响。因资产负债的不匹配导致保险公司资产变现能力不强，在对到期负债的资金支付上能力变弱，容易出现退保风险和赔款不能及时赔付风险[①]。

### （二）保险公司财务内部控制内涵

内部控制是公司为了保证自身一直处于合法、有序、高效经营运行的一种管理活动。当前市场竞争异常激烈，无论是私企或国企，还是股份制公司，内部控制是现代企业生存发展的重要保障。保险公司财务内部控制是指保险公司对于财务方面的风险防范和控制。具体体现在财务制度建设、财务核算管理、资金管理、成本管理、财务审计、财务报告以及财务人员管理。

## 二、保险公司财务内部控制现状

### （一）内部运营环境较差

我国保险公司的组织形式有股份有限公司和国有独资公司。保险公司的风险类别有外部风险和内部风险。当前，保险公司内部控制缺乏良好的运营环境。比如，企业的组织机构设置存在一定的弊端。保险公司还存在权责分配有偏颇。部分领导权力大、责任小，人力资源管理不到位，保险公司的监督机构设置不完善，各项业务流程设置还有待进一步完善，因部分业务流程复杂导致工作效率低下，影响保险公司的高效运营。内部控制环境较差，导致无法开展有效性的内部控制。

### （二）信息化管理不足

保险公司实现内部控制管理要有较高的技术水平做支撑。当前计算机、信息、科技日新月异的发展，相关内控知识不断丰富。保险公司从经营到管理到内部控制技术水平相较于其他金融机构发展较为落后，更新优化速度慢，保险公司资源共通共享能力不强，跟不上时代潮流。业务流程更新不及时，相关人员获取信息和精准数据能力差。大数据、云计算、区块链等技术科技含量较高，保险公司内部工作人员很难熟练应用先进的科技。信息化管理不足，影响了保险公司内部控制有效性的实施。

---

① 余静 . 保险公司财务内部控制有效性探讨［J］. 财讯，2023，（11）：101-103.

### （三）财务风险管控意识不强

保险公司财务风险管控意识薄弱。具体体现在部分保险公司领导层没有给予财务风险管控更多的关注。部分保险公司领导层虽然给予了一定的关注，但没有采取有效的措施，存在公司财务风险管控没有得到真正落实，或存在落实不到位的情况。财务风险管控意识不强，制约内部控制有效性的实施。

### （四）内部控制人才匮乏

保险公司内部控制人才匮乏。内部控制管理与财务管理人员有着很大不同。内部控制人员不仅会管理保险公司的财务，还要使公司的运营以及公司的财务管理符合法律法规要求。内部控制人员还要确保保险公司的资产安全，提高公司的经营效率和效果。在财务方面还要提高财务报告信息的质量。目前，保险公司内部控制人才匮乏，严重影响了内部控制有效性的开展。

### （五）财务管理制度不完善

保险公司的一切经济活动都离不开财务管理，保险公司财务管理制度不完善，具体表现在部分保险公司各项财务管理规定不明确。如财务核算管理制度不完善，资金管理制度不健全，公司成本管理制度不健全等。财务管理制度不完善，阻碍了财务内部控制的顺利开展。

### （六）财务管理能力水平不足

保险公司对财务人员的管理能力要求较高，如对资金管理能力，以及资金利用率的使用能力。保险公司的财务人员需要掌握证券、债券等金融相关知识，还要与银行部门有紧密的联系。部分保险公司财务管理人员，不能充分提高资金的利用率，在运用资金时投资效益效果不佳，公司的各项经费管理混乱。财务管理能力水平不足，制约了保险公司财务内部控制的有效性。

## 三、提高保险公司财务内部控制有效性建议

### （一）创设良好的内部控制环境

#### 1. 优化运营环境

保险公司内部控制环境包括外部和内部两种，这里特指内部环境。内部环境包含面较广，如塑造优秀的企业文化，加强人力资源管理，精简组织机

构和治理机构,优化反舞弊机制以及内部审计机构的设置等,创设良好的环境,让公司科学高效运营,给保险公司实施内部控制奠定良好的基础。

2.健全管理制度

健全管理制度包括:明确岗位职责制度。保险公司将各个岗位的权利和责任进行细化,使各岗位各司其职,不得逾越;严格授权审批制度。授权和审批要分开,机要文件和印章应分开使用,健全保管保卫制度。避免数据泄露丢失,防止员工私用数据,做好数据安全防护,避免网络黑客的入侵;完善用人制度。人才是现代企业的核心力量,人才识别和选拔任用要有长效保障机制,加强信息管理,完善人才储备库动态补充调整机制,始终保持保险公司人才队伍的活跃,防止人才尤其是高端人才的流失;加强管理制度的监督,确保保险公司管理制度的有效落实和执行。健全管理制度使得保险公司能够提高运营效率,促进公司健康长足发展。

## (二)完善公司的财务制度

保险公司应完善公司的财务制度。建立和完善公司的财务制度,明确各项财务管理规定,确保财务管理规范化和合规性;建立财务核算管理体系,制定财务核算制度,对各项财务指标进行科学、合理的核算,确保财务数据的真实、准确和完整;建立和完善资金管理制度,制定资金收付、管理和使用规定,严格控制资金使用,确保资金安全;建立和完善成本管理制度,制订成本核算规定,加强成本控制,优化企业成本结构;建立完善的档案管理制度:建立完善的档案管理制度,确保所有的财务记录得到正确保存和归档,以备后续审计和检查使用;完善内部审计制度。建立内部报告制度,完善内部审计体制,发挥出对企业各项经济活动所涉及的财务以及专项投资项目的审计作用。健全财产保全制度,防范市场经营风险,将管理制度条例明细化;完善会计制度。规范财务会计核算,全面推行预算管理;建立严密的保管保卫制度。避免数据的泄露丢失以及黑客的入侵。保险公司在完善公司财务制度基础上,要确保公司能够遵守会计准则和会计的法律法规,确保所有的财务报告的准确性和合法性,确保公司财务活动安全合规。

## (三)强化预算管理

保险公司在实施预算管理时主要应从以下方面入手:

1.合理制订预算计划。制订年度预算计划,明确各项收支预算。并逐级审核和批准。在制订预算计划时应注重预算的合理性。

2. 严格执行预算管理。保险公司应实施严格的预算执行管理，及时监控收支情况，确保预算执行的科学、合理和有效。

3. 对动态调整预算。保险公司应根据实际情况，及时调整预算计划，确保预算的科学、合理和准确。

4. 对预算绩效的评估。保险公司要对预算执行情况进行绩效评估，分析预算执行过程中存在的问题和风险，并及时采取相应的措施进行纠正。

5. 对预算信息的披露。预算管理部门应定期向内部和外部各方披露预算信息，确保信息的公开透明。预算管理是财务内部控制中非常重要的一项，能够有效规划公司的经费和资源，确保保险公司在经济效益、资金使用和投资决策等方面制定科学、合理的决策，防范风险，保障公司的可持续发展。

### （四）建立内部审计机构，制定财务报告制度

内部审计是公司财务的监督部门。保险公司应建立独立的内部审计机构。内部审计要与财务部门彻底区分开，形成独立的财务监管部门；建立定期监督审查机制。实施定期的内部审计，不仅核查财务部门，对公司的内部控制管理也要进行全面的核查，以评估公司的内部控制制度和流程的有效性，及时发现和纠正财务管理中存在的问题和风险，并提出改进措施，降低公司内部控制管理风险；建立内部报告制度，完善内部审计体制。财务人员应制订财务报告，及时准确地编制财务报表，向内外部各方提供真实、准确、完整的财务信息。发挥出对公司各项经济活动所涉及的财务以及专项投资项目的审计作用。在特殊情况下，可以聘请第三方机构对保险公司内部控制管理实施审查，保障公司在无风险中运行。

### （五）加快内部控制精细化构建

保险公司内部控制精细化的构建是在内部控制管理制度上实施精细化的管理，主要包括：

1. 完善内部控制精细化基础建设。保险公司应加快信息化管理进程，对当前设备设施进行优化升级。财务部门是公司的核心，应率先实现财务管理信息化的升级。实现总公司与分公司以及公司各个部门信息和资源的共通共享，使内部沟通信息流畅。

2. 构建内部控制风险平台。保险公司在构建公司业务平台（将公司的各项业务编制到业务平台）的基础上，构建内部控制风险平台。通过平台让管理层及时了解保险公司风险控制管理情况，做到随时掌控公司每日运转的情况。

3. 建立精细化内部控制机制。实施内部控制管理机制，使内部控制能够分散风险，必要时又能统一管理和把控。

### （六）加强财务人员的管理

第一，加强财务人员风险防范意识。保险公司财务管理人员要确保公司所有的经济活动都能够在财务管理中得到体现，并加强财务人员风险防范意识。

第二，加强对财务人员专业能力和专业素养的培训。培训财务管理人员的财务专业知识，培训财务管理人员熟练运用计算机、大数据、云计算等技术。还要培训财务管理人员对证券、债券、基金等金融知识的掌握。保险公司财务管理人员要有与银行长期保持紧密关系的能力。

第三，要对公司财务管理人员职业道德和职业素养的教育。确保财务人员的业务素质和职业操守。

第四，引进财务内部控制人才。保险公司财务内部控制管理人员属于复合型高端人才，对公司的内部控制效果效率尤为重要。保险公司应不惜重金引进高端人才，在其带领下能够提升保险公司财务人员整体的专业能力和水平。

保险公司在运营过程中财务存在着资产负债不匹配、现金流动性和费用控制以及会计核算的风险。对保险公司的财务内部控制尤为重要。保险公司财务内部控制过程中存在财务管理制度不完善，财务管理能力水平有待提高，内部监督管理体系不健全，预算管理有待提高。影响保险公司财务内部控制的因素有内部环境，信息化管理能力，财务风险管控意识，内部控制人才匮乏。为了确保保险公司财务内部控制的有效性，需要针对其不足以及影响因素进行优化和治理，如此才能确保保险公司在竞争激烈的市场上占得一席之地，保障保险公司能够健康稳定长足发展。

## 第二节　行政事业单位内部控制的强化

随着社会经济发展，行政事业单位需要不断加强内部控制建设，促进行政事业单位健康发展。在内部控制建设过程中，还存在很多问题，严重影响了内部控制效果。因此，行政事业单位加强内部控制建设具有重要意义。

### 一、行政事业单位内部控制建设的作用

1.保障资金安全。资金是行政事业单位运行的重要基础，行政事业单位的主要资金来源是财政拨款，在实际使用资金的过程中，需要保证专款专用。通过加强内部控制建设，有利于保障资金安全，避免出现挪用资金、滥用资金的情况，确保各项经济活动顺利开展①。

2.通过制定完善的内部控制制度，行政事业单位能够实现不相容岗位相分离，明确岗位职责，加强风险管理，有利于减少违规行为。行政事业单位在内部控制建设过程中，能够有效地预防和管控风险，有利于建设良好的工作环境。

3.提高工作人员的综合素质。通过加强内部控制建设，行政事业单位能够对工作人员进行约束，增强工作人员的风险意识和责任意识，保证各项工作顺利开展。内部控制建设也是行政事业单位提高工作人员综合素质的重要途径，通过不断完善责任制度、考核制度、奖惩制度和培训制度，调动工作人员的学习积极性和工作主动性，从而提高工作人员的综合素质。

4.提升内部管理水平。通过加强内部控制建设，有利于加强各部门之间的沟通，实现信息共享，从而提高工作效率。行政事业单位制定完善的内部控制制度，有利于实现工作规范化和标准化管理，在保证工作质量的同时，增强风险防控能力，提升内部管理水平。

---

① 孙树林.行政事业单位内部控制建设研究 [J].行政事业资产与财务,2023,（19）:66-68.

## 二、行政事业单位内部控制建设存在的主要问题

1. 制度落实不到位。目前，行政事业单位在内部控制建设过程中，制度落实不到位。行政事业单位对内部控制不重视，内部控制制度不完善，工作人员缺乏内部控制意识，导致内部控制制度难以落实，工作人员的积极性不高。

2. 内部控制评价机制不完善。随着社会经济发展，行政事业单位改革不断推进，工作方法、工作流程和管理模式都发生了较大变化，存在事务冗余、工作效率不高的问题。由于难以对内部控制建设进行评价，影响了内部控制效果。

3. 内部控制措施不合理。行政事业单位在落实内部控制措施时，无法进行全过程管理。制度建设不健全，没有实现全覆盖。预算控制不严格，导致预算约束力不强。收支业务、采购业务、合同业务等工作流程不规范，影响了行政事业单位健康发展。

4. 制度的实用性较差。目前，行政事业单位在内部控制建设过程中，制度的实用性较差。部分制度不符合实际情况，难以满足工作需求，无法对各项工作进行全过程管理。在内部控制制度执行过程中，工作人员没有严格落实相关要求，存在敷衍塞责的情况。

5. 内部沟通不顺畅。行政事业单位需要加强内部沟通，为内部控制建设奠定坚实的基础。部分行政事业单位的工作流程不完善，内部沟通不顺畅，无法实现信息共享，影响了工作效率。另外，部分行政事业单位还存在信息失真的问题，影响了管理决策。由于内部沟通不顺畅，信息传递不及时，影响了各项工作顺利开展。

6. 内部监督不严格。内部监督是行政事业单位内部控制建设的重要内容。部分行政事业单位不太重视内部监督，没有对各项工作进行严格监督，没有发挥内部监督的积极作用。由于内部监督不严格，无法有效落实内部控制的相关要求。

## 三、行政事业单位内部控制建设的强化措施

### （一）改善内部控制环境，确保制度落实

行政事业单位需要增强内部控制意识，不断推进内部控制建设，优化内部控制环境，确保制度落实。具体而言，行政事业单位需要做好以下几个方面的工作。

1. 制定完善的内部控制制度。行政事业单位需要结合实际情况和工作需求，针对不同的部门和岗位，制定相应的内部控制制度，从而保证内部控制制度的合理性。同时，行政事业单位需要完善实施细则，为工作人员提供指导。

2. 完善责任机制。根据不同部门和岗位的性质，合理划分工作内容，明确岗位职责，完善责任制。对于存在的业务交叉情况，应该建立联动管理机制，加强各部门和各岗位之间的配合，发挥内部控制的积极作用。

3. 合理地设置岗位，实现不相容岗位相分离。通过不断完善工作流程，加强全过程管理，落实内部控制的相关要求。

4. 定期开展培训，增强工作人员的内部控制意识，帮助工作人员熟练掌握内部控制的工作流程和工作方法，将内部控制与各项工作相结合。同时，及时总结工作经验，推广好的做法。

## （二）加大风险管理力度

行政事业单位在内部控制建设过程中，需要加强风险管理，完善风险评估机制，降低风险。对此，行政事业单位需要做好以下几个方面的工作。

1. 完善重大事项决策机制。行政事业单位需要不断完善重大事项决策机制，将内部控制融入其中。建立三重一大决策机制，对重大事项进行充分调研，进行集体决策。

2. 加强风险评估。行政事业单位需要全面梳理风险点，进行分类管理，分析风险影响范围，从而制定风险应对方案。

3. 建立风险预警机制。行政事业单位需要建立风险预警机制，设置相应的指标。当发现风险时，及时提醒管理人员进行处理。

4. 加强风险防控。行政事业单位需要增强风险意识，加强风险防控。只有不断加强风险识别和风险分析，才能为风险防控提供支持。行政事业单位应该做到早发现、早处理，降低风险。

## （三）完善具体的内部控制流程

行政事业单位在内部控制建设过程中，需要不断完善内部控制流程，将内部控制与各项工作相结合，保证内部控制制度落实。通过不断完善内部控制流程，能够提供内部控制的针对性，促进行政事业单位健康发展。

1. 完善预算业务的内部控制流程，主要包括预算编制、预算执行、预算调整等。行政事业单位需要加强预算编制，根据工作需求制订预算方案，提高预算编制质量，避免出现随意夸大预算的情况。在预算执行过程中，行政事业单位需要加强预算监督，避免出现预算执行偏离预算目标的情况。对于预算执行过程中存在的各种问题，行政事业单位需要及时解决。行政事业单位不得随意调整预算，确实需要调整预算的，应该严格按照相关规定调整。

2.完善收支业务的内部控制流程。行政事业单位应该加强资金管理，规范地开展收支业务，加强账户管理和印章管理，确保账实相符。行政事业单位应该加强预算管理，确保专款专用，不定期进行检查，规范地使用资金，避免出现违规行为。行政事业单位应该建立互相监督、互相制约的工作模式，对收支业务进行全过程管理，降低风险。

3.完善采购业务的内部控制流程。行政事业单位应该加强采购管理，制定完善的采购方案，严格按照相关标准进行采购，加强验收管理，提高资金使用效率。

4.完善合同业务的内部控制流程。行政事业单位需要加强合同管理，明确合同条款的具体含义，避免出现误解的情况。通过完善合同条款，落实内部控制的相关要求，能够有效降低风险。

### （四）提高内部控制制度的实用性

内部控制制度是行政事业单位内部控制建设的基础，行政事业单位应该采取多种措施，不断提高制度的实用性。

1.行政事业单位应该结合实际情况，制定完善的内部控制制度，不能照抄照搬其他单位的制度。只有将内部控制制度与实际情况相结合，才能提高内部控制制度的实用性。

2.行政事业单位需要将内部控制制度与各项工作相结合，满足各部门的工作需求。同时，落实各部门和各岗位的内部控制责任，避免出现问题时互相推诿。

3.行政事业单位需要定期对内部控制制度进行调整，落实最新的政策文件和规章制度的要求，提高内部控制制度的实用性，为各项工作顺利开展提供支持。

### （五）加强信息化建设，促进实现信息共享

随着信息技术快速发展和广泛应用，行政事业单位需要积极应用信息技术，不断推进信息化建设，实现信息共享。

1.行政事业单位应该建立信息平台，将各部门的数据信息导入信息平台，为信息传递和信息共享提供支持。

2.行政事业单位的管理人员可以通过信息平台，发布工作任务，及时掌握各部门和各岗位的工作情况。

3.工作人员可以通过信息平台，反馈相关信息，为管理决策提供支持。

4.行政事业单位可以利用信息平台，不断加强风险管理，及时发现和解决问题，促进各项工作顺利开展。

5.行政事业单位需要加强培训，帮助工作人员掌握信息平台的操作方法，不断提高工作效率。

6.行政事业单位应该加强信息安全管理，避免出现信息泄露等问题。

### （六）加强内部监督，制定奖惩制度

行政事业单位在内部控制建设过程中，需要加强内部监督，规范工作流程，减少违规行为，降低风险。

1.成立独立的内部监督机构，确保内部监督工作的独立性和客观性，定期出具内部控制报告，并通过抽查的方式对各部门的内部控制制度执行情况进行评估。一旦发现问题，要求相关各部门进行整改，从而保证内部控制制度落实。

2.行政事业单位需要将内部控制与内部审计相结合，加强内部监督。同时，制定奖惩制度，督促工作人员不断推进内部控制建设。

综上所述，行政事业单位加强内部控制建设，不仅有利于保障资金安全，还能够提高工作效率。在工作过程中，行政事业单位需要结合实际情况，不断优化内部控制环境，督促全体工作人员积极参与，制定完善的内部控制制度，完善工作流程，加强风险管理，将内部控制与各项工作相结合，提高内部控制制度的实用性，推进信息化建设，加强沟通和信息共享，加强内部监督，降低风险。行政事业单位需要定期对内部控制制度进行完善，落实内部控制的相关要求。只有不断增强内部控制意识，采取多种措施，才能推进内部控制建设，促进行政事业单位健康发展。

# 第三节　商业银行会计内部控制的优化

在当今金融业快速发展和不断创新的背景下，商业银行面临着日益复杂的经营环境和风险挑战。会计内部控制作为保障银行业务安全性和可靠性的重要机制，对商业银行的经营和管理具有关键性影响。然而，当前商业银行会计内部控制存在一系列问题，有必要对商业银行会计内部控制进行优化研究，以提高风险管理能力和内部控制效果，确保商业银行的稳健经营。

随着金融业的发展和变革，商业银行面临着越来越复杂和多样化的风险，会计内部控制的重要性日益凸显。优化商业银行会计内部控制，提高风险管理水平，成为银行业务稳健经营的关键要素。

## 一、商业银行会计内部控制概述

商业银行会计内部控制是指商业银行为保障财务信息的准确性、完整性和可靠性，以及防范风险和满足监管要求而采取的一系列组织、政策、程序和措施。它涉及商业银行内部各个层面和环节的规范、监督和管理，旨在确保银行的财务活动合规性和风险控制[①]。

### （一）商业银行会计内部控制具有的特征

商业银行会计内部控制具有以下特征：

1.它是一种全面覆盖的管理机制，包括财务信息记录、报告、决策等方面；

2.它是连续性和持续性的，需要不断监督和改进；

3.它是一种适应性的机制，需要根据外部环境和内部变化进行调整和优化；

4.它是一种协同合作的机制，需要各个部门和岗位之间的配合和沟通。

### （二）商业银行会计内部控制的相关原则

商业银行会计内部控制的原则包括内控整体性原则、风险管理原则、适度性原则、合规性原则和持续改进原则。这些原则强调了内控的全面性、风

---

① 张震．商业银行会计内部控制优化措施探析［J］．商讯，2023，（19）：61-64.

险管理的重要性、内控的适度性、合规性的要求以及不断改进的必要性，为商业银行会计内部控制的设计和实施提供了指导。

### （三）商业银行会计内部控制的有关要素

商业银行会计内部控制的要素包括控制环境、风险评估、控制活动、信息与沟通以及监督与反馈。这些要素相互关联，共同构成了一个完整的内部控制体系。控制环境涉及银行的组织文化、道德价值观等方面；风险评估涉及风险识别和评估的方法和工具；控制活动包括各类控制措施和程序的设计和执行；信息与沟通涉及内外部信息的交流和共享；监督与反馈则强调对内部控制的监督和评价机制。

## 二、商业银行会计内部控制存在的具体问题

### （一）员工缺乏对会计内部控制的理解

员工可能缺乏对会计内部控制的基本概念和原理的理解，以及其在业务运作中的重要性。他们可能没有接受足够的培训和教育，无法准确识别和理解会计内部控制的要素和措施。此外，员工可能对相关法律法规、规章制度和操作规程的了解不足，无法正确执行和遵守会计内部控制的要求。这种认识水平不足，可能导致员工在日常工作中无法准确识别和应用会计内部控制的措施，容易出现错误、遗漏或不当处理的情况。

### （二）岗位职责落实不够到位

这意味着在特定岗位上的员工可能没有充分理解和履行自己的职责，或者没有按照规定的程序和要求进行工作。这可能是由于员工的工作负荷过大，导致无法有效地分配时间和资源来完成职责；或者缺乏对职责的清晰理解，导致执行不到位。此外，可能存在管理层对岗位职责的监督和评估不够严格，导致员工对职责的重要性和紧迫性缺乏足够的认识。岗位职责落实不到位可能导致工作流程不畅，信息传递不及时，从而影响会计内部控制的有效性和可靠性。因此，加强岗位职责的沟通和明确，提高员工对职责的认识和执行情况的监督，是优化商业银行会计内部控制的关键问题。

### （三）风险意识不充分，缺乏量化的风险评估

员工可能没有充分意识到潜在的风险，无法全面把握风险的发生和可能性。这可能是由于缺乏专业知识或经验，也可能是因为风险评估的方法和工具不够科学和全面。缺乏对风险的准确量化评估，使得银行无法确定风险的严重程度和对业务的影响，从而无法制定相应的内部控制措施来降低风险的发生概率和影响程度。这种风险识别不周密和缺乏量化的风险评估可能导致银行在业务运作中面临潜在的未知风险，并可能对财务报告的准确性和可靠性产生负面影响。因此，改善风险识别和量化评估的能力是优化商业银行会计内部控制的关键问题之一。

### （四）会计内部控制的措施执行不到位

在商业银行的会计内部控制中，存在会计内部控制措施执行不到位的问题。这可能涉及员工在执行控制措施时的不规范操作或疏忽，导致控制措施的效果不如预期。一方面，员工可能缺乏对控制措施的清晰理解，无法正确应用控制要点和步骤，从而导致控制措施的执行出现偏差或不完整。另一方面，员工可能存在工作压力或疏忽的情况，导致对控制措施的执行不够严格和及时。这种执行不到位的情况可能会导致会计内部控制的失效，增加潜在风险和错误的发生。

### （五）横向沟通交流较少，纵向沟通效率较低

横向沟通是指不同部门或岗位之间的交流与协作，而纵向沟通是指上下级之间的沟通与反馈。这些问题可能导致信息传递不畅，导致重要信息的遗漏或延迟，进而影响到会计内部控制的有效性。横向沟通交流少的情况可能导致不同部门之间信息孤岛的存在，无法及时共享关键信息和经验，从而可能导致风险的漏检或处理不及时。而纵向沟通效率低的问题可能导致上级无法及时了解到底层岗位的情况和问题，导致对会计内部控制的监督和纠正不够及时和准确。因此，需要加强横向和纵向沟通的机制和流程，促进部门间和层级间的信息共享和交流。

### （六）监督检查的作用不能有效发挥

监督检查是保证会计内部控制有效运行的重要环节，但在实践中存在一些挑战和问题。其中，监督检查的频率、方法和覆盖范围可能不够全面和系统，

导致无法全面了解和评估会计内部控制的实施情况；监督检查的人员可能缺乏专业知识和技能，无法准确判断和识别潜在的风险和问题；监督检查结果的反馈和整改措施的跟进可能不够及时和有力，导致问题无法得到及时解决和改进。这些问题可能导致监督检查无法发挥应有的作用，无法及时发现和纠正会计内部控制中存在的问题和风险。如果监督检查不能有效发挥作用，可能会导致会计内部控制的薄弱环节得不到及时改善，风险得不到有效控制，从而对商业银行的财务稳定性和可靠性构成潜在威胁。

## 三、商业银行会计内部控制优化措施

### （一）完善会计内部控制的环境

#### 1. 需要加强会计人才队伍建设

商业银行应注重招聘、培养和留住具备会计专业知识和技能的人才。通过提供培训机会和发展路径，不断提升会计人员的专业能力和职业素养。此外，建立健全激励机制，激发会计人员的积极性和创造性，提高他们对会计内部控制的重视程度。

#### 2. 加强会计内控文化建设

商业银行应倡导并培养良好的内控文化，使会计内部控制成为全员参与和共同维护的文化氛围。通过宣传教育、示范引领和行为规范等方式，强调会计内部控制的重要性和价值，促使员工形成积极的内控观念和行为习惯。同时，建立有效的沟通机制，鼓励员工积极反馈和提出改进建议，共同参与完善会计内部控制环境。

#### 3. 商业银行还可以加强会计内部控制政策和程序的制订和落实，确保会计内部控制措施得到有效执行

通过建立明确的内部控制政策和程序，规范会计业务流程和操作要求，提高会计内部控制的标准化和规范化水平。同时，加强内部审计和监督机构的角色和职责，定期进行内部审计和风险评估，及时发现和纠正问题，确保会计内部控制的有效性和可持续性。

### （二）健全风险识别和评估体系

#### 1. 商业银行需要完善全面风险管理体制

这包括建立风险管理部门或机构，明确风险管理的职责和权限，制定全面的风险管理制度和流程。同时，加强对风险管理人员的培训和专业能力提升，使其具备较强的风险识别和评估能力。

#### 2. 需要改进风险识别和评估方法

商业银行应结合行业特点和自身实际情况，建立科学有效的风险识别和评估方法体系。可以采用定性和定量相结合的方法，综合考虑内部和外部因素，全面评估风险的可能性和影响程度。同时，注重风险监测和预警机制的建立，及时发现和应对潜在的风险。

#### 3. 商业银行还应加强信息系统的建设和利用，提升风险识别和评估的准确性和效率

利用数据分析和大数据技术，挖掘关键指标和异常信号，辅助风险识别和评估工作。

### （三）提高会计内部控制措施的有效性

#### 1. 商业银行需要优化完善会计内部控制制度

这包括制定和修订相关的制度和政策，明确内部控制的目标、职责和流程。要确保制度的科学性和实用性，使其能够适应不断变化的外部环境和内部业务需求。同时，要加强对制度执行的监督和评估，及时发现和纠正存在的问题，确保制度的有效实施。

#### 2. 商业银行应完善会计业务系统功能，提高技术控制能力

通过引入先进的信息技术和系统，可以实现对会计业务的全面监控和管理。例如，建立自动化的数据采集和处理系统，确保数据的准确性和完整性。同时，加强对系统的安全性和防护措施，保护数据的机密性和可靠性。通过技术手段的应用，可以提高会计内部控制的效率和精度，减少人为错误和操纵的可能性。

#### 3. 商业银行需要加强会计内部控制质量评价

通过建立科学的评价指标和方法体系，对会计内部控制的质量进行全面

评估和监测。评价的内容可以包括制度的合规性、执行的有效性、风险的识别和应对能力等方面。评价结果可作为改进会计内部控制的依据，及时发现和解决存在的问题，提高内部控制的质量和水平。

### （四）加强信息的交流和反馈

#### 1. 建立健全信息传导与沟通机制

（1）建立明确的信息传递渠道和流程。商业银行应设立专门的沟通渠道，确保信息的及时传递和共享。可以通过内部通信工具、定期会议、邮件和内部网站等方式，让各部门和员工能够快速、准确地获取和交流信息。此外，还可以设立沟通反馈机制，鼓励员工提出问题和建议，并及时回应和解决。

（2）加强沟通技巧和培训。商业银行应提供相应的培训和教育，帮助员工提高沟通技巧和能力。培训内容可以包括有效的沟通方法、表达技巧、听取和理解他人观点的能力等。通过提升员工的沟通能力，可以促进信息的传递和理解，减少误解和沟通障碍，提高工作效率和准确性。

（3）建立开放和透明的工作氛围。商业银行应倡导开放的沟通文化，鼓励员工间的互动和交流。领导者应该展示良好的沟通示范，积极倾听员工的意见和建议，并给予积极的反馈和回应。同时，建立一种安全和信任的工作环境，让员工能够自由地表达意见和问题，促进信息的流动和共享。

（4）利用现代科技手段支持信息传递和沟通。商业银行可以利用电子邮件、即时通信工具、内部社交平台等技术手段，促进信息的快速传递和交流。同时，可以建立在线知识库和信息平台，使员工能够方便地获取所需的信息和资源，提高工作效率和准确性。

#### 2. 建立信息安全管理体系

在优化商业银行的会计内部控制过程中，建立信息安全管理体系是至关重要的。这包括采取一系列的措施来确保商业银行的信息资产得到充分的保护和管理。建立信息安全管理体系的关键步骤包括：明确信息安全策略和目标、评估和管理风险、建立安全的网络和系统架构、制定安全政策和流程、加强员工的安全意识培训、建立监控和响应机制以及定期进行安全审计和评估。

## （五）强化内部监督和纠正措施

### 1. 加强监督检查队伍建设

应该招募具备审计和内部控制专业知识的专业人才，并提供系统的培训和发展机会，以提高他们的专业素养和技能水平。同时，建立健全的组织结构和职责分工，确保监督检查工作的高效运行和协调配合。此外，加强内部控制意识的培养和宣传，促使全体员工都能理解和遵守内部控制要求。通过加强监督检查队伍建设，可以提升监督检查工作的质量和效率，及时发现和解决内部控制中存在的问题，提升商业银行的风险管理水平和整体运营效能。

### 2. 扩大审计监督范围

应该扩大审计的覆盖范围，包括对各个业务领域、部门和分支机构的审计监督，以确保全面、全方位地监督会计内部控制的实施情况。通过加强对商业银行各项业务活动的审计监督，可以发现和纠正潜在的风险和问题，确保会计信息的准确性、可靠性和合规性。此外，扩大审计监督范围还有助于增强对重大风险和违规行为的发现和应对能力，提升商业银行的风险管理和内部控制水平。通过持续扩大审计监督范围，可以有效提升商业银行的经营稳定性和可持续发展能力。

### 3. 创新监督检查方法

创新监督检查方法是优化商业银行会计内部控制的关键策略。传统的监督检查方法可能无法适应日益复杂和多样化的业务环境。因此，需要创新方法来提升监督检查的效果。创新监督检查方法包括引入新的技术手段和工具，如数据分析和人工智能等，以提高监督检查的准确性和效率；同时，还可以通过制订更加科学和全面的评估指标，针对不同业务领域和风险类型进行精准的监督检查。此外，创新监督检查方法还可以借鉴国际经验和最佳实践，从其他行业和领域获取启发，以适应不断变化的商业银行环境。通过创新监督检查方法，可以更好地发现和解决问题，提升监督检查的效果和效率，确保商业银行会计内部控制的有效实施。

### 4. 健全监督整改机制

监督整改机制包括建立明确的整改流程和责任分工，确保问题的及时发现和整改；同时，监督整改机制还应该设立监督机构或部门，负责监督整改工作的实施，并进行评估和反馈。此外，监督整改机制还应明确整改的时间要求和目标，确保整改工作的及时性和有效性。通过健全监督整改机制，可以持续跟进问题的解决情况，及时纠正不足，提高商业银行会计内部控制的质量和效果；同时，监督整改机制也可以为持续改进提供反馈和指导，促进商业银行会计内部控制的不断优化和提升。

在商业银行中，会计内部控制的优化是确保财务稳健和风险管理的关键。通过分析存在的问题，提出了一系列优化措施，包括完善内部控制环境、健全风险识别与评估体系、强化控制措施有效性、加强信息传导与沟通、加强监督与纠正等方面。这些措施有助于提高会计内部控制的质量和效果，保障商业银行的健康发展和风险控制。然而，优化会计内部控制是一个长期而复杂的过程，需要各方的共同努力和持续改进。只有不断完善和强化内部控制，才能适应金融环境的变化，保持业务的可持续发展和风险的可控性。

# 第四节　电力企业内部控制及实施对策

在社会经济持续发展的过程中，各个行业的现代化管理制度日益完善。随着市场的不断波动以及政策的持续深化与改革，企业的内部控制策略只有作出适当调整与更新，才能跟上时代发展的步伐。电力企业建立了以内部控制环境建设为基础，风险管理控制为导向，控制活动为手段，信息沟通为桥梁的闭环运行的内部控制体系，切实提升了电力企业经营管理水平和风险管控能力，促进我国电力事业持续、健康发展。因此，管理人员必须结合企业目前的发展情况以及未来规划蓝图，总结内部控制工作的不足之处，并及时采取相关措施，提高内部控制的实施效果，推动企业高质量发展。

## 一、电力企业内部控制的作用

### （一）有利于企业可持续发展

有效的内部控制不仅能够完善电力企业的内部管理体系，提高企业的管理创新能力，还能确保企业发展始终处于科学、高效的管控之中，使企业能很好地顺应市场、行业的变化，始终走在市场前沿[①]。

---

① 刘笑言. 电力企业内部控制实施策略分析 [J]. 营销界，2023，（16）：110-112.

### （二）有利于降低企业风险

目前，我国电力行业的市场竞争较为激烈。在运营过程中，企业会面临来自内外部环境的威胁和挑战。面对这种情况，企业必须积极制定有效的内部控制策略，建立健全内部控制机制，结合风险报告，采取适宜的风险管理及控制手段，这样不仅能降低企业的经营风险，还能够在风险来临时，有效阻止风险的持续扩散，大幅度减小风险给企业带来的损失。

### （三）有利于企业依法守规经营

企业内部如果出现了违法犯罪的行为，就会酿成严重的后果。这不仅会影响企业自身的经济效益，还会损害其社会声誉。合理的内部控制策略可以杜绝此类现象，使员工始终在企业的规范管理之下有序工作，加强对员工的思想政治教育，提高认识水平，从职业道德、企业文化以及规章制度等方面入手，坚定员工的精神信念，避免违法乱纪等行为的出现。

### （四）有利于防止企业资产流失

电力行业是我国国民经济的主要能源提供者，是关系国计民生的重要基础性产业，大部分电力企业具有国有资产背景，国有资产保值增值对经济的健康稳定发展具有十分重要的意义。在电力行业中，资产的构成、分类复杂，覆盖面广、分布较为分散，从规划、购置、安装、调试、使用、维修、改造和更新直至报废，资产使用部门多，使用周期都在数十年以上，且数量多、金额大。这使得电力企业资产的内部控制工作较为复杂，而在此基础上，合理的内部控制制度、规范化的操作流程，能帮助电力企业避免资产过度损耗，确保企业平稳运行、安全生产，提高资产使用效率，保护企业的资产安全。

## 二、电力企业内部控制存在的具体问题

### （一）内部监督的力度不够

内部监督分为日常监督和专项监督。电力企业内部流程较为复杂烦琐，执行难度较大。部分电力企业在运行和发展过程中，对内部控制的重视程度不够，致使内部控制这一方面较为薄弱，并未真正构建全过程、全方位的动态化监督及有效的内部管控机制。部分企业的执行力不强，各项制度下发至基层部门后，部分基层工作人员更乐于采用个人相对习惯或喜欢的方式处理

问题，动态化监管机制不健全，内部监督存在疏漏，这些都会导致基层工作人员在执行工作或处理业务时，难以严格遵守规章制度，使企业在运营及管理方面存在隐患。

### （二）内部沟通的障碍较多

在新时代的背景下，电力企业的内部控制必须立足于信息化管理系统之上。当前，部分电力企业已经基于现实需要，设立了内部控制信息共享系统，其目的是帮助企业提高工作效率、及时发现和控制风险、降低管理成本、提高服务水平和企业竞争力。但电力企业的运营部门涉及诸多机构，管理链条较长，导致部分企业的信息共享系统并未切实发挥作用，部门间的信息共享效率低、沟通障碍多等问题依然存在。大型电力企业的下属部门及单位数量较多，如果各下属单位没有在第一时间获得精准信息，便会影响工作效率，使电力企业内部信息在传输共享方面出现整体延迟的情况，从而影响电力企业的工作效率及管理水平。

### （三）风险防范能力不足

从电力企业的战略管理角度而言，企业在运营及发展过程中面临的主要风险包括战略风险、责任风险和运营风险等。随着国家碳达峰、碳中和战略的提出，新能源发电项目发展迅速，如果没有充分的战略决策过程，就可能导致项目实施效果不佳。部分电力企业因内部监督管理流程不够完善，风险应对能力相对不足，无法有效规避风险。排除风险、提高企业的风险应对能力、降低各类风险对企业运行造成的不良影响，是电力企业内部控制工作的主要内容之一。近年来，市场经济体系的持续变动使电力企业面临严峻考验，在电力企业管理制度改革不断深入的今天，电力企业依然面临各种风险，这类风险问题在企业运营发展过程中愈发突出，若不及时解决必然会影响企业未来的发展规划。

### （四）对内部控制制度的重视程度不够高

部分电力企业在改变原有的运行管理策略后，并未根据现行管理方式建立相应的法人治理结构。在内部控制方面依然延续传统的经理管理模式，在赋予经理较高的管理权限后，企业内部的部分决策会基于经理单方面进行，这会大大增加企业的决策风险系数。部分电力企业的管理人员对内部控制的认知存在不足或偏差，并未意识到内部控制工作在企业中的真正作用。另外，部分电力企业认为内部控制只是为了应付检查而建立的一套管理系统，这使内部控制失去了应有的决策力，导致企业内部控制虚有其表、流于形式。部分电力企业虽然意识到了内部控制的重要性，但是在执行过程中，存在经验不足或观念落后等问题，致使企业内部控制工作的滞后性较为明显。

### （五）缺乏相应的内部管理和控制活动

部分电力企业缺乏相应的内部管理及控制活动，这必然会导致企业在运行过程中出现各种问题，甚至会给企业带来严重损失。电力企业内部管理和控制活动的欠缺体现在以下两个方面：

1. 部分电力企业在项目结束后容易出现欠款现象，这是内部管理工作的重点和难点，因此，部分电力企业内部管理工作效率较低，各部门的配合不够紧密，审计滞后、决算延迟等问题十分常见。

2. 关于电力企业固定资产的管理和控制效果不容乐观。电力企业拥有的固定资产数量较多，这类固定资产大多是由多个部门联合管理。目前，部分电力企业在执行固定资产管理时，执行力度不够大等现象较为普遍。

## 三、电力企业内部控制的实施措施

### （一）完善内部监督的管理体系

为进一步提高电力企业内部控制的有效性，确保电力企业内部控制能有效落实、层层推进，管理部门必须对企业内部的各项经济活动进行全过程、全方位的监督管理，树立全员监督意识，强化内部审计的监督职能。基于内部监督管理体系，建立科学有效的内部控制评价机制，完善内部控制的自我评价制度，随时查验企业内部控制的实施效果，并基于评价结果制定优化策略，及时解决内部控制制度实施过程中出现的各类问题，进一步提高企业内部控制的整体水平。

### （二）建立信息化实时共享和沟通机制

各电力企业应加大对内部信息系统建设的投入力度，完善现有的信息系统，确保信息系统录入的各项数据信息更全面，提高信息系统的数据处理速度及信息共享效率，辅助内部控制工作有序开展。在建设信息化实时共享与沟通系统时，需要确保电力企业下属各部门均可接入信息系统，并能在线上交流平台与其他部门的工作人员实时互动，打造更加多元、开放的线上沟通渠道，提高内部控制工作的有效性。另外，还应加大信息化系统的安全防护力度，优化各部门职工的身份认证系统，确保企业内部局域网的安全性。电力企业要积极开展信息化系统应用培训，确保全体职工可以正确使用信息系统，进一步提高企业工作效率。

### （三）完善内部风险评估体系

电力企业风险应对能力相对不足主要体现在两个方面。一方面，部分电力企业的内部风险应对机制不够健全，运营者、决策者、管理者的风险防范意识相对不足。在面对突发状况时，部分电力企业无法立即制定有效的应对机制，失去了风险管控的先机，导致风险管控效果不佳。另一方面，在电力企业进入市场、推进市场化运营时，自然会面临竞争风险。若企业没有充分认识到风险应对机制、风险管理策略与市场因素之间的密切联系，就会导致出现风险防范策略与风险应对机制不健全的现象。在制定风险管控策略时，如果忽略了市场化运行的特殊性，就会使电力企业内部控制的工作效率大打折扣，风险应对能力自然不足。

为完善当前企业内部风险预警体系，确保企业可持续发展，电力企业在执行各类业务项目时，应由专业的管理人员分析项目的可行性，对项目执行过程中可能产生的风险进行预估，并制定相应的解决策略，提高企业业务活动的规范性，以系统化的流程和方案推进项目建设，以合理、全面的风险应对及管控机制，保障企业经济活动的安全性与稳定性。建立科学、合理且系统的风险衡量标准，认真分析企业运营过程中各个项目的执行情况，并根据企业过去的风险防范及风险处理历史，建立风险数据库，在信息技术及大数据的支持下，量化企业面临的市场风险和运营风险。

### （四）营造更好的内部控制环境

在推进电力企业内部控制时，应由相关工作人员完善企业内部的法人治理结构，改变原本由总经理单方面主导决策的局面。优化企业内部组织结构，用制度约束管理层的权力，在明确划分管理层的成员结构后，再进一步提高管理层的决策能力，确保管理层可基于企业当前发展现状及内部控制情况，作出科学决策，以降低企业的决策风险。此外，在提高企业治理结构合理性的基础上，还应加强对企业内部控制团队的系统培养，强化风险防控意识，确保内部控制策略有序执行，健全人力资源管理机制，提升员工的职业素养，营造良好的内部控制工作氛围。

## （五）加强内部控制的管理力度

内部控制应考虑企业目前的整体发展需求，分析当前的市场环境，讨论市场波动是否会对企业未来的发展造成不利影响，坚决从实践角度出发，提高内部控制的有效性。内部控制需要立足于整体视角，分析企业在当前运营发展过程中面临的市场风险，只有制订相应的风险管理与应对方案，才能真正意义上规避风险，确保企业能始终站稳市场，并具备可持续发展的潜力。此时，管理部门需完善并强化企业的内部管理措施，确保内部管理的合理性、规范性、科学性，使企业稳步发展。相关工作人员应从现实角度出发，确保内部控制能够层层落实，健全内部控制机制，从而提高内部控制人员的执行力，要积极推动企业的现代化管理，确保职工的工作状态良好。基于内部控制机制，调整员工管理策略，为实现企业的健康发展提供支持，保障内部控制工作可以有序进行。针对企业固定资产的管理，应建立针对企业各级管理人员的授权制度，在未得到相应授权的情况下，任何管理人员不可随意动用其他部门的设备或资源。针对内部控制活动相对不足的问题，可以建立科学、系统的绩效评价制度，完善绩效考核体系，规范各部门、各岗位的职责，利用完整、系统的考核体系约束职工，明确奖惩管理制度，保障内部控制的有效实施。

目前，我国经济体系仍处于发展改革的阶段，各个行业的市场竞争都比较激烈。电力企业应该在内部管理控制方面持续投入资金，积极引入新技术和新理念，推动电力企业内部管理的信息化建设，健全内部管理制度，确保内部管理制度可以有效落实，制定内部监督管理体系，加强信息化平台建设，完善风险评估体系，优化内部控制环境，加大内部控制力度，促进企业实现可持续发展，使企业在全新的市场浪潮中稳步前行。

# 参考文献

[1] 李华.财务会计（第三版）[M].大连：东北财经大学出版社，2020.

[2] 常茹.财务会计 [M].北京：经济科学出版社，2019.

[3] 何韧.财务报表分析 [M].上海：上海财经大学出版社，2019.

[4] 方红星，池国华.内部控制 [M].大连：东北财经大学出版社，2014.

[5] 何如.内部控制评价与内部控制审计协调的实践与思考 [J].预算管理与会计，2022，（2）：58-61.

[6] 倪珺.浅析内部审计在内部控制中的作用 [J].天津经济，2021，（4）：54-56.

[7] 余静.保险公司财务内部控制有效性探讨 [J].财讯，2023，（11）：101-103.

[8] 孙晓杰.行政事业单位财务会计内部控制的强化路径探讨 [J].财会学习，2023，（29）：158-160.

[9] 孙树林.行政事业单位内部控制建设研究 [J].行政事业资产与财务，2023，（19）：66-68.

[10] 张震.商业银行会计内部控制优化措施探析 [J].商讯，2023，（19）：61-64.

[11] 董应霞.电力企业内部控制实施策略分析 [J].财会学习，2022，（18）：170-172.

[12] 刘笑言.电力企业内部控制实施策略分析 [J].营销界，2023，（16）：110-112.

[13] 谭湘.财务会计 [M].广州：中山大学出版社，2017：3.

[14] 吴育湘，杜敏.财务会计 [M].镇江：江苏大学出版社，2018：258.

[15] 杨志国 . 关于《企业内部控制审计指引》制定和实施中的几个问题 [J]. 中国注册会计师，2010（9）：44-49.

[16] 刘明辉 . 内部控制鉴证：争论与选择 [J]. 会计研究，2010（9）：43-50+97.

[17] 张龙平，陈作习 . 财务报告内部控制审计的理论分析（上）[J]. 审计月刊，2008（12）：11-13.

[18] 关健成 . 浅谈内部审计在内部控制中的作用 [J]. 经营管理者，2012（07）：108-108.

[19] 杜雪 . 我国内部审计存在的问题及对策 [J]. 企业技术开发，2016，11（v.35；No.504）：119-120.

[20] 卢佳丽 . 论内部审计与内部控制的关系 [J]. 时代金融，2011（3）：134-134.

[21] 张艳杰 . 新形势下商业银行会计风险控制对策 [J]. 老字号品牌营销，2023（11）：73-75.

[22] 谭斌 . 试论中小城商银行授信业务的内部控制及风险管理 [J]. 中国管理信息化，2023，26（9）：121-124.

[23] 王淑婕，王宁 . 区块链技术应用于国内商业银行内部控制优化研究 [J]. 国际商务财会，2023（7）：93-96.

[24] 李岩 . 基于风险导向的商业银行内部控制审计思考 [J]. 财经界，2023（12）：147-149.

[25] 焦西丹 . 江浙钱庄内部控制研究对城市商业银行内部控制建设的现实借鉴 [J]. 财会学习，2023（8）：128-130.

[26] 高彩梅 . 基础会计 [M]. 重庆：重庆大学出版社，2022.

[27] 张明月 . 大数据时代电力企业内部控制管理研究 [J]. 投资与创业，2021（13）：123-124 + 128.

[28] 杨辉 . 探究电力企业内部控制的有效路径 [J]. 中国产经，2021（12）：170-171.

[29] 顾大勇 . 电力企业内部控制存在的问题及对策研究 [J]. 财会学习，2021（12）：172-174.

[30] 王灵丹 . 大数据背景下加强电力企业内部控制的研究 [J]. 财富时代，2020（11）：228-229.

[31] 朱科亮．探讨行政事业单位财务会计内部控制 [J]．财会学习，2023（10）：170 - 172．

[32] 翟汉昭，于丽霞．加强行政事业单位财务会计内部控制的对策探思 [J]．大众投资指南，2023（5）：137 - 139．

[33] 马维宏．行政事业单位财务内部控制的强化路径探析 [J]．财会学习，2022（28）：161 - 163．

[34] 范洪艳．加强行政事业单位财务会计内部控制的几点思考 [J]．中国管理信息化，2022，25（14）：31 - 33．

[35] 张微．探讨行政事业单位财务会计内部控制 [J]．商业观察，2022（19）：53 - 56．

[36] 丁蕾．行政事业单位财务会计内部控制的强化思考 [J]．行政事业资产与财务，2022（6）：52 - 54．

[37] 何伟．如何加强行政事业单位财务会计内部控制 [J]．今日财富，2022（6）：82 - 84．

[38] 胡德良．加强行政事业单位财务会计内部控制的对策探思 [J]．中国乡镇企业会计，2022（3）：126 - 128．

[39] 张真真．行政事业单位财务会计内部控制探究 [J]．财会学习，2022（2）：170 - 172．

[40] 张荣海．行政事业单位财务会计内部控制的强化路径浅述 [J]．财经界，2021（19）：159 - 160．

[41] 王勇，刘砚华，崔伟编．基础会计 [M]．北京：北京理工大学出版社，2021．

[42] 毛金芬．财务报表分析 [M]．苏州：苏州大学出版社，2020．